Vladimir Nabokov
DOGAĐAJ

I0151972

REČ I MISAO
KNJIGA 504

S ruskog preveo
DUŠKO PAUNKOVIĆ

CIP – Каталогизација у публикацији
Народна библиотека Србије, Београд

882-2

НАБОКОВ, Владимир
    Događaj : dramska komedija u tri čina / Vladimir Nabokov ; [s ruskog preveo Duško Paunković]. – Beograd : Rad, [1999] (Lazarevac : Elvod-print). – 84 str. 21. cm – (Reč i misao ; knj. 504)

Prevod dela: Sobitie. – Nabokov – dramski pisac: str. 81–83.

1. Паунковић, Душко

ISBN 86-09-00632-8

ID=77812236

VLADIMIR NABOKOV

DOGAĐAJ

Dramska komedija u tri čina

IZDAVAČKO PREDUZEĆE „RAD"
BEOGRAD

Izvornik

Владимир Набоков

СОБЫТИЕ

Драматическая комедия в трех действиях

„ИСКУССТВО“, Москва, 1990

PRVI ČIN

*Troščejkinov atelje. Sa leve i desne strane vrata. Na niskom šta-
felaju ispred kojeg stoji fotelja (Troščejkin uvek radi sedeći) go-
tovo dovršen dečak u plavom sa pet okruglih praznina (budućih
lopti) koje obrazuju polukrug oko njegovih nogu. Oslonjena na
zid stoji nedovršena starica u čipkama, sa belom lepezom. Pro-
zor, otoman, mali tepih, paravan, orman, tri stolice, dva stola. U
neredu nabacane fascikle. Scena je u početku prazna. Zatim se
preko nje polako kotrlja dečja crveno-plava lopta koja ulazi s
desne strane. Iz istih vrata pojavljuje se Troščejkin. Nogom izba-
cuje drugu crveno-žutu loptu ispod stolice. Troščejkin ima blizu
četrdeset godina, obrijan je, a odeven je u pohabani, ali upadlji-
vi džemper sa rukavima koji ostaje na njemu u toku sva tri čina
(koji se, uzgred, odigravaju ujutro, danju i uveče istog dana). De-
tinjast je, nervozan, nestalan.*

TROŠČEJKIN. Ljuba! Ljuba!
   *S leve strane ulazi Ljubav: mlada, zgodna, lenjih po-
kreta i pomalo tajanstvena.*
   Kakva je ovo nesreća! Kako dolazi do ovakvih stva-
ri? Zašto su se moje lopte raštrkale po celoj kući?
Bezobrazluk. Odbijam da ih celo jutro tražim i sagi-
njem se. Dete će danas doći da pozira, a ovde su sa-
mo *dve*. Gde su ostale?
LJUBAV. Ne znam. Jedna je bila u hodniku.
TROŠČEJKIN. *Evo* je ona koja je bila u hodniku. Nedo-
staju zelena i dve šarene. Nestale su.

5

LJUBAV. Ta, ostavi me, molim te, na miru. Zamisli samo – kakva nesreća! Jednostavno, biće slika „Dečak sa dve lopte" umesto „Dečak sa pet"...

TROŠČEJKIN. Pametno zapažanje. Želeo bih da shvatim ko se to konkretno bavi razbacivanjem mojih rekvizita... To je prosto bezobrazluk.

LJUBAV. Ti isto tako dobro kao i ja znaš da se on sam juče igrao sa njima posle seanse.

TROŠČEJKIN. E pa onda je trebalo sakupti ih posle toga i staviti na mesto. *(Seda pred štafelaj).*

LJUBAV. Dobro, ali šta ja imam s tim? Reci to Marfi. Ona posprema.

TROŠČEJKIN. Loše posprema. Sad ću ja da je ukorim...

LJUBAV. Kao prvo, ona je otišla na pijacu, a kao drugo, ti je se plašiš.

TROŠČEJKIN. Čuj, to je sasvim moguće. Ali meni se lično oduvek činilo da je to s moje strane određena vrsta taktičnosti... Nije loš ovaj moj dečak, zar ne? Kakav baršun! Napravio sam mu ovako sjajne oči delimično zbog toga što je on sin draguljara.

LJUBAV. Ne razumem zašto ne možeš prvo da obojiš lopte, a zatim dovršiš figuru.

TROŠČEJKIN. Kako da ti kažem...

LJUBAV. Ne moraš da govoriš.

TROŠČEJKIN. Vidiš, one moraju da gore i bacaju na njega odsjaj, ali ja prvo hoću da fiksiram odsjaj, a zatim se prihvatim njegovih izvora. Treba upamtiti da se umetnost uvek kreće suprotno od sunca. Noge su, vidiš, već potpuno sedefaste. Da, dečak mi se dopada! Kosa je dobra: crna i blago kovrdžava. Postoji neka veza između dragog kamena i crnačke krvi. Šekspir je to osetio u svom *Otelu*. Da-a-a. *(Gleda drugi portret.)* A madam Vagabundova je izuzetno zadovoljna zbog toga što je slikam u beloj haljini na španskoj pozadini i ne shvata kakva je to strašna čipkarska groteska. Ipak. Ljuba, ja bih te stvarno zamolio da pronađeš moje lopte, ne želim da se nalaze u bekstvu.

LJUBAV. To je surovo, to je na kraju krajeva nepodnošljivo. Zaključaj ih u orman, molim te. I meni je teško, kad se kotrljaju po sobama i zavlače pod nameštaj. Zar je moguće, Aljoša, da ti ne shvataš *zbog čega?*

TROŠČEJKIN. Šta ti je? Kakav je to ton... Kakva je to histerija...

LJUBAV. Postoje stvari koje me muče.

TROŠČEJKIN. Kakve stvari?

LJUBAV. Recimo, ove dečije lopte. Teško mi je. Danas je mamin rođendan, znači, prekosutra bi mu bilo pet godina. *Pet* godina. Zamisli.

TROŠČEJKIN. A... Eh, sad... Jao, Ljuba. Ljuba, ja sam ti hiljadu puta rekao da se ne može živeti tako, u konjunktivu. Pa dobro – pet, ili još pet, ili još... Zatim bi imao petnaest godina, pušio bi, ponašao se bezobrazno, zagledao u ženski dekolte i dobijao bubuljice.

LJUBAV. Hoćeš li da ti kažem šta mi ponekad pada na pamet: ti si možda neverovatan prostak.

TROŠČEJKIN. A ti si gruba kao prodavačica kostiju.

Pauza.

(Prilazi joj.) Hajde, hajde, nemoj da se ljutiš. Možda i meni puca srce, ali ja umem da se suzdržavam. Razmisli zdravo: umro je u drugoj godini, to jest skupio je krila i poput kamena se sunovratio dole, u dubinu naših duša – a ovako bi rastao, rastao i izrastao u klipana.

LJUBAV. Preklinjem te, prestani! To je beskrajno vulgarno. Zubi me bole od tvojih reči.

TROŠČEJKIN. Smiri se, stara moja. Dosta je bilo! Ako ja nešto pogrešno govorim, sažali se i oprosti, a nemoj da ujedaš. Ja, uzgred, prošle noći gotovo da nisam spavao.

LJUBAV. Laž.

TROŠČEJKIN. Znao sam da ćeš to reći!

7

LJUBAV. Laž. Nisi znao.

TROŠČEJKIN. Pa ipak je tako. Kao prvo, uvek kad je pun mesec, srce mi snažno lupa. I ovde me je opet probadalo – ne shvatam šta bi to moglo da bude... i različite misli... Oči zatvorene, a takva vrteška boja, da poludiš. Ljuba, nasmeši se, golubice.

LJUBAV. Ostavi me.

TROŠČEJKIN *(na proseniju)*. Slušaj, mala moja, ispričaću ti šta sam noćas smislio... Rekao bih da je prilično genijalno. Da naslikam sledeću *stvar* – evo zamisli... recimo da ovog zida nema, nego da je tu mračna provalija... i publika u zamagljenom pozorištu, redovi, redovi... sede i gledaju me. I to su sve lica ljudi koje ja poznajem ili sam ih ranije poznavao, i koji sada posmatraju moj život. Neko radoznalo, neko s ljutnjom, neko sa zadovoljstvom. Onaj sa zavišću, a ova sažaljivo. I sede preda mnom i tako čarobno-bledi u polutami. Tu su i moji pokojni roditelji, i stari neprijatelji, i onaj tvoj tip s revolverom, i drugovi iz detinjstva, naravno i žene, žene – sve one o kojima sam ti pričao – Nina, Ada, Katjuša, druga Nina, Margarita Hofman, jadnica Olenjka – sve... Da li ti se dopada?

LJUBAV. Otkud ja znam? Naslikaj, pa ću videti. A možda je to glupost, iskrsla u polubunilu – surogat nesanice, kliničko slikarstvo... Neka bude ponovo zid.

LJUBAV. Danas će jedno sedam ljudi doći na čaj. Mogao bi da me posavetuješ šta da kupim.

TROŠČEJKIN *(seo je i drži pred sobom, oslanjajući je na koleno – skicu rađenu ugljem, koju posmatra, a zatim malo popravlja)*. Dosadna stvar. Ko sve dolazi?

LJUBAV. I ja ću sada da nabrajam: kao prvo, njegovo spisateljsko veličanstvo – ne znam zašto je mama htela da je on neizostavno udostoji posetom; nikada nije bio kod nas, i kažu da je neprijatan, uobražen...

TROŠČEJKIN. Da... Ti znaš koliko ja volim tvoju majku i kako sam sretan što ona živi kod nas, a ne u nekoj prijatnoj sobici sa časovnikom koji kuca i jazavičarem, bar dve četvrti odavde, ali – oprosti mi, ljubavi, njen poslednji rad u jučerašnjim novinama je katastrofa.

LJUBAV. Ja te ne pitam o tome, nego šta da kupim uz čaj?

TROŠČEJKIN. Svejedno mi je. Ap-so-lutno. Čak ne želim ni da mislim o tome. Kupi šta hoćeš. Recimo, kupi tortu od jagoda... I dosta pomorandži, onih kiselih i crvenih: to odmah oživi čitav sto. Šampanjac imamo, a bombone će doneti gosti.

LJUBAV. Zanima me jedino gde u avgustu da nađem pomorandže? Uzgred, ovo je sve što imamo novca. U mesnici smo dužni... Marfi smo dužni... Ne vidim kako ćemo izdržati do sledeće zarade.

TROŠČEJKIN. Ponavljam ti da mi je potpuno svejedno. Dosadno je, Ljuba, čama! Nas dvoje kiselimo se već šestu godinu u ovom izrazito provincijskom gradiću, u kojem sam, čini se, islikao sve očeve porodica, sve razvratne ženice, sve zubare, sve ginekologe. Situacija postaje paradoksalna, ako ne i prosto skaredna. Uzgred, znaš, ovih dana ponovo sam primenio svoj metod dvostrukog portreta. Đavolski je zabavno. Krišom sam naslikao Baumgartena istovremeno u dve verzije – kao čestitog starca, kako je on tražio, a na drugom platnu, onako kako sam ja hteo – s ljubičastom njuškom, bronzanim stomakom, u olujnim oblacima; drugu mu, naravno, nisam pokazao, nego sam je poklonio Kuprikovu. Kad skupim dvadesetak takvih sporednih proizvoda, izložiću ih.

LJUBAV. Svi tvoji planovi imaju jednu divnu osobinu: oni su uvek kao poluotvorena vrata, i zatvaraju se od prvog vetra.

TROŠČEJKIN. Ma nemoj mi reći! Kako samo umemo lepo to da primetimo, pa još i da izrazimo! Pa, kad bi sve to bilo tako, nas dvoje bismo, stara moja, *odavno* crkli od gladi.

LJUBAV. A onu „prodavačicu" neću ti oprostiti.

9

TROŠČEJKIN. Danas sam namerno ustao ranije da bih neke stvari dovršio, neke započeo. Prijatno... Tvoje raspoloženje uništilo mi je svaku želju za radom. Možeš biti zadovoljna.

LJUBAV. Bolje razmisli od čega je danas krenulo. Ne, Aljoša, tako dalje ne ide... Tebi se stalno čini da vreme, kao što se kaže, leči, a ja znam da je to samo anestetik, ako ne i šarlatanstvo. Ja ne mogu ništa da zaboravim, a ti ničeg ne želiš da se setiš. Ali ja vidim igračku, i pri tome spomenem moje dete, tebi postaje dosadno i mučno, zato što si se dogovorio sa sobom, da je prošlo tri i po godine i vreme je da se zaboravi. A možda... Bog bi te znao, možda ti i nemaš šta da zaboraviš.

TROŠČEJKIN. Gluposti. Šta ti je, zaista... Pa ja i nisam rekao ništa posebno, samo to da ne treba živeti od dugova iz prošlosti. Nema u tome ničeg ni prostog, ni uvredljivog.

LJUBAV. Svejedno. Nećemo više da pričamo.

TROŠČEJKIN. U redu...

Pauza.

(*On fiksira sliku pomoću izduvne bočice, zatim počinje da radi nešto drugo.*) Ne, ja te uopšte ne razumem. Ni ti sebe ne razumeš. Stvar je u tome, što mi trunemo u zabiti, kao tri sestre. Ništa, ništa... Svejedno ćemo kroz godinu dana morati da se čistimo iz grada, hteli ne hteli. Zašto li moj Italijan ne odgovara...

Ulazi Antonina Pavlovna Opojašina, Ljubavina majka, sa šarenom loptom u rukama. To je uredna, čak pomalo uštogljena žena, s lornjonom, sladunjavo-rasejana.

ANTONINA PAVLOVNA. Zdravo, dragi moji. Ovo se, iz nekog razloga, našlo kod mene. Hvala ti, Aljoša, na divnom cveću.

TROŠČEJKIN (*u toku cele ove scene, on ne diže glavu od posla*). Čestitam, čestitam. Ovamo: u ćošak.

LJUBAV. Nešto si rano ustala. Rekla bih da još nema devet sati.

ANTONINA PAVLOVNA. Šta ćeš, rano sam se rodila. Jeste li već popili kaficu?

LJUBAV. Jesmo. Mogla bi i ti, u čast sretne pedesetogodišnjice?

TROŠČEJKIN. Uzgred, Antonina Pavlovna, da li znate ko još, poput vas, ujutro jede tri petine šargarepe?

ANTOTINA PAVLOVNA. Ko?

TROŠČEJKIN. Ne znam – ja vas pitam.

LJUBAV. Aljoša je danas u ljupkom šaljivom raspoloženju. Šta bi ti, majčice, volela da radiš pre doručka? Hoćeš li da prošetamo? Do jezera? Ili da pogledamo životinje?

ANTONINA PAVLOVNA. Kakve životinje?

LJUBAV. Na pustari se zaustavio cirkus.

TROŠČEJKIN. I ja bih krenuo s vama. Volim to. Doneću kući gušobolju ili starog klovna u civilnom odelu.

ANTONINA PAVLOVNA. Ne, radije ću malo da radim ujutro. Trebalo bi da Veročka svrati... Čudno da od Miše još nije ništa stiglo... Čujte, deco moja, sinoć sam bacila na papir još jednu fantaziju – iz ciklusa „Ozarena Jezera".

LJUBAV. A, divno. Pogledaj, kako je danas jadno vreme. Ne znaš da li je kiša ili... možda, magla. Da ne poveruješ da je još uvek leto. Uzgred, jesi li primetila da Marfa ujutro slobodno uzima tvoj kišobran?

ANTONINA PAVLOVNA. Upravo se vratila, vrlo je neraspoložena. Neprijatno je razgovarati s njom. Hoćete li da čujete moju bajkicu? Ili ti ja smetam da radiš, Aljoša?

TROŠČEJKIN. Verujte, mene ni zemljotres neće ometi, ako se bacim na posao. Ali ovo sada je samo onako. Počnite.

ANTONINA PAVLOVNA. A možda vas ne zanima, gospodo?

LJUBAV. Ma ne, majčice. Pročitaj nam, svakako.

TROŠČEJKIN. Ali zašto ste vi, Antonina Pavlovna, pozvali našeg istaknutog? Stalno razbijam glavu nad

11

tim pitanjem. Šta će vam on? I drugo, ne može tako – jedna kraljica, a svi ostali pioni.

ANTONINA PAVLOVNA. Uopšte nisu pioni. Mešajev, na primer.

TROŠČEJKIN. Mešajev? *E, znate...*

LJUBAV. Mamice, ne odgovaraj mu – nema smisla.

ANTONINA PAVLOVNA. Samo sam htela reći da je Mešajev, na primer, obećao dovesti svog brata, okulistu.

TROŠČEJKIN. On nema brata. To je mistifikacija.

ANTONINA PAVLOVNA. Ima. Ali on stalno boravi u selu. Čak su blizanci.

TROŠČEJKIN. E, jedino, ako su blizanci...

LJUBAV. Pa gde je tvoja priča?

ANTONINA PAVLOVNA. Ne, ne vredi. Drugi put.

LJUBAV. Ne ljuti se, majčice. Aljoša!

TROŠČEJKIN. I ja kažem, umesto njega.

Zvono.

ANTONINA PAVLOVNA. Ma ne... Svejedno... Prvo ću da je otkucam, ovako je vrlo nečitko.

LJUBAV. Otkucaj je i dođi da čitaš. Molim te!

TROŠČEJKIN. Pridružujem se.

ANTONINA PAVLOVNA. Zaista? Pa, dobro onda. Odmah ću ja.

Odlazi. Odmah iza vrata nailazi na Rjošina koji se prvo čuje, a zatim vidi: savitljiv, crne bradice, brkatih obrva, kicoš. Kolege su ga nazvale: dlakava glista.

RJOVŠIN *(iza vrata).* Je'l' ustao Aleksej Maksimovič? Je li živ, zdrav? Sve u redu? Ja sam, u stvari, svratio k njemu na trenutak.
(Troščejkinu). Slobodno?

TROŠČEJKIN. Uđite, ser, uđite.

RJOVŠIN. Zdravo, mila moja. Zdravo, Aleksej Maksimovič. Je li kod vas sve u redu?

TROŠČEJKIN. Kako je brižan, a? Da, osim finansija, sve je odlično.

RJOVŠIN. Izvinite što upadam k vama ovako rano. Prolazio sam, pa odlučih da zavirim.

LJUBAV. Hoćete li kafu?

RJOVŠIN. Ne, zahvaljujem. Svratio sam samo na trenutak. Uh, izgleda da sam zaboravio čestitati vašoj majci. Baš nezgodno.

TROŠČEJKIN. Šta vam je danas da ste tako familijarno-nervozni?

RJOVŠIN. Ali ne, šta vam je. Dakle, ovako. Da li ste sinoć bili kod kuće?

TROŠČEJKIN. Da. A zašto?

RJOVŠIN. Tek onako. Znači tako stoje stvari... Slikate li?

TROŠČEJKIN. Ne. Sviram harfu. Ta, sedite negde.

Pauza

RJOVŠIN. Kišica sipi.

TROŠČEJKIN. A, zanimljivo. Kakvih još ima novosti?

RJOVŠIN. Nikakvih, nikakvih. Tek onako. Danas, znate, idem i mislim: koliko li se godina nas dvojica poznajemo, Aleksej Maksimoviču? Sedam?

LJUBAV. Zaista bih želela da shvatim šta se desilo.

RJOVŠIN. Ma, sitnica. Poslovne neprijatnosti.

TROŠČEJKIN. Ti si u pravu, mala moja. On se nešto stresa danas. Da nemate možda buhe? Želite da se okupate?

RJOVŠIN. Vi se samo šalite, Aleksej Maksimoviču. Ne. Samo sam se setio kako sam vam bio dever, i tako to. Ima dana kad se čovek seća.

LJUBAV. Šta je ovo: griža savesti?

RJOVŠIN. Ima takvih dana... Vreme leti... Osvrneš se...

TROŠČEJKIN. O, kako postaje dosadno. Vama bi, ser, bolje bilo da svratite u biblioteku i nešto pročitate: danas dolazi naš istaknuti. Kladim se da će se pojaviti u *smokingu*, kao što je bilo kod Višnjevskih.

RJOVŠIN. Kod Višnjevskih? Da, naravno... Znate, Ljubav Ivanovna, ipak bih popio kafu.

LJUBAV. Hvala ti Bože! Odlučili ste najzad.

(Odlazi.)

RJOVŠIN. Čujte, Aleksej Maksimoviču – desio se potresan događaj! Potresno-neprijatan događaj!

TROŠČEJKIN. Ozbiljno?

RJOVŠIN. Prosto ne znam kako da vam kažem. Samo nemojte da se uzbuđujete – i, najvažnije, potrebno ga je izvesno vreme sakriti od Ljubavi Ivanovne.

TROŠČEJKIN. Neka... spletka, podlost?

RJOVŠIN. Još gore.

TROŠČEJKIN. A šta je posredi?

RJOVŠIN. Neočekivana i užasna stvar, Aleksej Maksimoviču!

TROŠČEJKIN. Pa, recite već jednom, đavo vas odneo!

RJOVŠIN. Barbašin se vratio.

TROŠČEJKIN. Šta?

RJOVŠIN. Sinoć. Pustili su ga godinu i po dana ranije.

TROŠČEJKIN. Nemoguće!

RJOVŠIN. Ne uzbuđujte se. Treba porazgovarati o tome, razraditi neki modus vivendi.

TROŠČEJKIN. Ma kakav vivendi... dobro, vivendi. Jer... šta će sada biti? Bože moj... Da se vi ne šalite?

RJOVŠIN. Saberite se. Bilo bi najbolje da nas dvojica nekud...

(Jer vraća se Ljubav.)

LJUBAV. Sad će vam doneti. Uzgred, Aljoša, ona kaže da voće... Aljoša, šta se desilo?

TROŠČEJKIN. Desilo se neizbežno.

RJOVŠIN. Aleksej Maksimovuču, Aljoša, prijatelju moj, sad ćemo nas dvojica da izađemo. Prijatna jutarnja svežina, glava će vas proći, ispratićete me...

LJUBAV. Ovog trenutka želim da znam. Neko je umro?

TROŠČEJKIN. Gospođo, pa ovo je čudovišno smešno. Još malopre, ja sam, idiot, imao još godinu i po dana vremana. Dotle bismo mi, odavno, bili u drugom gradu, u drugoj zemlji, na drugoj planeti. Ne shvatam, šta je ovo – klopka? Zašto nas niko nije na vreme upozorio? Kakvi su to gnusni običaji? Kakve su to nežne sudije? Ah, *ništarije!* Zamislite samo! Oslobodili ga pre vremena... Ne... to je... to je... Žaliću se! Ja ću...

RJOVŠIN. Smirite se, prijatelju.

LJUBAV. *(Rjovšinu).* Je li to istina?

RJOVŠIN. Šta – je li istina?

LJUBAV. Samo nemojte da podižete obrve. Vi odlično znate šta vas pitam.

TROŠČEJKIN. Zanima me samo, kome odgovara ova popustljivost. *(Rjovšinu.)* Zašto ćutite? Da li ste vi sa njim o nečemu?

RJOVŠIN. Da.

LJUBAV. A on – da li se mnogo promenio?

TROŠČEJKIN. Ljuba, ostavi svoja idiotska pitanja. Zar zaista ne shvataš šta će sada biti? Moramo bežati, a nemamo ni novaca, niti imamo kuda da bežimo. Kakvo iznenađenje!

LJUBAV. Ispričajte već jednom.

TROŠČEJKIN. Zaista, šta ste se ukipili... Zatežete nam živce... Hajde!

RJOVŠIN. Jednom rečju... Noćas oko ponoći, tako, verovatno u petnaest do jedanaest, ne, lažem, u dvanaest, išao sam kući iz bioskopa na vašem trgu i, dakle, evo ovde, na nekoliko koraka od vaše kuće, na onoj strani – znate, gde se nalazi kiosk – pod svetlom fenjera, vidim – i ne verujem očima – stoji Barbašin s cigaretom.

TROŠČEJKIN. Kod nas na ćošku! Predivno. Pa, zamalo, Ljuba, da i mi juče odemo: jao, odličan film, jao, „Kamera opskura" – najbolji film sezone!... E, baš bi nas strefilo zbog sezona. Dalje!

RJOVŠIN. Dakle, ovako. Mi smo se, svojevremeno, retko sretali, on je mogao da me zaboravi... ali ne: prostrelio me pogledom – znate, onako kako to on ume, s visine, podsmešljvo... i ja sam se nehotice zaustavio. Pozdravili smo se. Ja sam, naravno, bio ra-

15

doznao... Otkud to, rekoh, da ste se tako, pre vremena, vratili u naše krajeve?

LJUBAV. Zar ste ga zaista tako direktno upitali?

RJOVŠIN. Smisao, to je bio smisao. Ja sam nešto mrmljao, sklapao nekoliko pozdravnih fraza, a njemu sam, naravno, prepustio da izvuče suštinu. Normalno, shvatio je. Da, kaže, zbog odličnog vladanja i povodom zvaničnih svečanosti, zamolili su me da državni stan ispraznim godinu i po dana ranije. I gleda me: drsko.

TROŠČEJKIN. Pazi, molim te! A? Šta je to, gospodo? Gde smo to mi? Na Korzici? Podsticanje vendete?

LJUBAV *(Rjovšinu)*. I tu ste se vi, po svemu sudeći, malo uplašili?

RJOVŠIN. Ni najmanje. Pa šta sada, rekoh, nameravate da radite? „Da živim, kaže, da živim za svoju dušu" – i gleda me, podsmešljivo. A zašto se ti, druškane, vucaraš ovuda po mraku?.. To jest, nisam ovo rekao naglas, ali sam vrlo izražajno pomislio – on me je, nadam se, shvatio. I na tome smo se rastali.

TROŠČEJKIN. A i vi ste dobri. Zašto niste *odmah* svratili? Pa ja sam mogao – bilo šta – na primer, izaći da bacim pismo, šta bi onda bilo? Bar ste se mogli potruditi da telefonirate, ako ništa drugo.

RJOVŠIN. Pa, znate, bilo je nekako kasno... Mislio sam, neka ih, neka se naspavaju.

TROŠČEJKIN. Meni se baš nije naročito spavalo. I sada shvatam zbog čega!

RJOVŠIN. Još sam primetio da jako miriše na parfem. U kombinaciji s njegovim sarkastičnim mrakom, to me je prenerazilo, kao nešto gotovo satansko.

TROŠČEJKIN. Stvar je jasna. Tu nema o čemu da se priča... Stvar je savršeno jasna. Ja ću celu policiju dići na noge! Neću dopustiti takvu dobroćudnost! Ne mogu da shvatim kako su, posle njegove pretnje za koju su znali svi i znaju svi, *kako* su mu, posle toga, mogli dozvoliti da se vrati u naš grad!

LJUBAV. To je viknuo u afektu.

TROŠČEJKIN. A, afekt... afekt... to mi se sviđa... E pa, stara moja, izvini: kad čovek puca u nekoga, zatim vidi da nije uspeo da ga usmrti, i viče da će ga dotući nakon izdržavanja kazne – to nije afekt, nego činjenica, krvava mesnata činjenica... Eto šta je to! Ah, kakav sam ja bio magarac. Bilo je rečeno – sedam godina, i ja sam se oslonio na to. Mirno sam razmišljao: evo, još četiri godine, evo još tri, evo još godinu i po, a kad ostane pola godine – propašćemo ako treba, ali ćemo otići... Već sam počeo da se dopisujem, s prijateljima na Kapriju. Bože moj! Treba me tući.

RJOVŠIN. Budimo hladnokrvni, Aleksej Maksimoviču. Treba sačuvati jasnoću misli i ne plašiti se... mada je, naravno, oprez – i to veliki oprez – neophodan. Reći ću vam otvoreno: na osnovu mojih zapažanja, on se nalazi u stanju izuzetne ozleđenosti i napetosti, i robija ga uopšte nije ukrotila. Ponavljam – možda grešim.

LJUBAV. Samo, kakve veze ime robija s tim. Čovek je, jednostavno, bio u zatvoru.

TROŠČEJKIN. Sve je to *užasno!*

RJOVŠIN. Dakle, ovo je moj plan: u deset sati ja i Aleksej Maksimovič otići ćemo Višnjevskom u kancelariju: pošto je on, svojevremeno, vodio vaš slučaj, treba se, pre svega, obratiti njemu. Svakome je jasno da vi ne možete ovako živeti – pod pretnjom... Oprostite mi što budim teške uspomene, ali to se dogodilo upravo u ovoj sobi?

TROŠČEJKIN. Baš tako. Naravno, to je potpuno zaboravljeno i gospođa se, eto, ljutila kad sam ja ponekad u šali spominjao... činilo se kao da je to nekakva pozorišna predstava, neka negde viđena melodrama... Ja sam, čak, ponekad... da, vama sam pokazivao mrlju od karmina na podu i šalio se da je, eto, još uvek, ostao trag od krvi... Pametna šala.

RJOVŠIN. Znači, u ovoj sobi... C-c-c.

LJUBAV. U ovoj sobi, da.

17

TROŠČEJKIN. Da, u ovoj sobi. To je bilo tek što smo uselili: mladenci, ja sam imao brkove, ona cveće – sve kako priliči: dirljiv prizor. Eno, onog ormana nije bilo, a ovaj je stajao do onog zida, a sve ostalo isto kao i sada, čak i ovaj tepih...

RJOVŠIN. Zapanjujuće.

TROŠČEJKIN. Nije zapanjujuće, nego nedopustivo. Juče, danas, sve je bilo tako mirno... A sada – izvol'te! Šta meni preostaje? Nemam novaca ni za samoodbranu, ni za bekstvo. Kako su mogli da ga oslobode, posle svega... Evo, pogledajte kako je to bilo. Ja sam... ovde sedeo. U stvari, ne, sto je takođe stajao drugačije. Ovako nekako.Vidite, sećanje neće odmah da se prilagodi drugoj predstavi. Juče se činilo da je to bilo tako davno...

LJUBAV. To je bilo osmog oktobra i padala je kiša – jer su, sećam se, bolničari bili u mokrim ogrtačima, i moje lice bilo je mokro dok su me nosili. Taj detalj može mi koristiti prilikom reprodukcije.

RJOVŠIN. Pamćenje je neverovatna stvar.

TROŠČEJKIN. Evo sada nameštaj stoji pravilno. Da, osmog oktobra. Doputovao je njen brat, Mihail Ivanovič, i ostao da prenoći kod nas. I tako. Bilo je veče. Napolju je već bio mrak. Ja sam sedeo ovde kraj stola i čistio jabuku. Evo ovako. Ona je sedela, eno tamo, gde sada stoji. Odjednom, zvono. Imali smo novu sobaricu, glupaču, još goru od Marfe. Podižem glavu i vidim: na vratima stoji Barbašin. Evo, stanite na vrata. Još nazad, do kraja. Tako. Ljuba i ja mahinalno smo ustali, a on je istog časa počeo da puca.

RJOVŠIN. Gle... Odavde do vas nema ni deset koraka.

TROŠČEJKIN. Nema ni deset koraka. Prvi hitac pogodio ju je u bedro, ona je sela na pod, a drugi – *šik* – mene u levu ruku, ovamo, još centimetar, i kost bi bila smrvljena. On nastavlja da puca, a ja stojim s jabukom, kao mladi Tel. U tom trenutku... U tom trenutku ulazi, i otpozadi se na njega baca šurak: sećate ga se – krupan, pravi medved. Ščepao ga je, izvrnuo

18

mu ruke na leđa, i držao. A ja sam, bez obzira na ranu, bez obzira na strašan bol, mirno prišao gospodinu Barbašinu i kad sam ga *odvalio* po fizionomiji... E, tada je on viknuo – sećam se doslovce: sačekajte,vratiću se i dotući vas oboje!

RJOVŠIN. A ja se sećam kako mi je tada pokojna Margarita Semjonovna Hofman to saopštila. Zabezeknuo sam se! Najbolje je što su se nekako proširile glasine o tome da je Ljubav Ivanovna na samrti.

LJUBAV. U stvari, to je bila prava sitnica. Odležala sam otprilike dve nedelje, ne više. Sada se čak ni ožiljak ne primećuje.

TROŠČEJKIN. E, *recimo*. Primećuje se. I nisu bile dve nedelje nego više od mesec dana. No-no-no. Ja se odlično sećam. A i ja sam se sa rukom isto prilično namučio. Kako se sve to... Kako se sve to... Evo i juče, takođe – razbio sam sat, do vraga! Šta, je li vreme?

RJOVŠIN. Pre deset nema svrhe: on dolazi u kancelariju oko deset i petnaest. Ili možemo pravo kod njega kući – to je dva koraka odavde. Kako želite?

TROŠČEJKIN. Sad ću ga nazvati telefonom kući, eto šta ćemo. *(Odlazi.)*

LJUBAV. Reci mi, da li se Barbašin mnogo promenio?

RJOVŠIN. Pusti to, Ljubka. Njuška k'o njuška.

Kratka pauza.

Kakva priča! Znaš, vrlo sam uznemiren u duši. Kao da me svrbi.

LJUBAV. Ništa zato – neka te malo svrbi, to je izvrsna masaža za dušu. Samo nemoj previše da se mešaš.

RJOVŠIN. Ako se i mešam, onda je to isključivo zbog tebe. Iznenađuje me tvoja mirnoća! A ja sam hteo da te pripremim, plašio sam se da ćeš dobiti napad histerije.

LJUBAV. Žao mi je. Sledeći put ću specijalno za vas da dobijem.

RJOVŠIN. A šta ti misliš... Možda bi trebao da porazgovaram s njim otvoreno.

LJUBAV. Sa kim bi ti to „otvoreno"?

19

RJOVŠIN. Pa, sa Barbašinom. Možda, ako mu ispričam da tvoja bračna sreća nije bogzna kakva...

LJUBAV. Samo probaj – otvoreno! On će te izlemati zbog te „otvorenosti".

RJOVŠIN. Ne ljuti se. Shvataš li, to je čista logika. Ako vas je on tada napao zbog tvoje sreće sa mužem, onda bi ga prošla svaka želja.

LJUBAV. Pogotovo s obzirom na to što imam vezu, je li tako? Reci mu to, probaj.

RJOVŠIN. Znaš, ja sam ipak džentlmen... Ali čak i kad bi saznao, veruj mi njemu bi se fućkalo za to. To je potpuno u drugom planu.

LJUBAV. Probaj, probaj.

RJOVŠIN. Ne ljuti se. Ja sam samo hteo najbolje. Ah, potišten sam.

LJUBAV. Meni je sve potpuno, potpuno svejedno. Kad biste svi vi samo znali koliko mi je svejedno... I dalje živi gde i ranije?

RJOVŠIN. Da, po svemu sudeći.Ti me danas ne voliš.

LJUBAV. Dragi moj, ja te nikada nisam volela. Nikada. Shvataš?

RJOVŠIN. *Ljubzik*[*], nemoj tako da govoriš. Nije u redu.

LJUBAV. A ti bi mogao još glasnije da govoriš. Onda će zaista da bude veselo.

RJOVŠIN. Kao da dragi Aljoša ne zna. On odavno zna. I fućka mu se.

LJUBAV. Kod tebe nešto svi mnogo fućkaju. Ne, ja danas zacelo nisam sposobna za takve razgovore. Veoma sam ti zahvalna što si tako dražesno dotrčao sa isplaženim jezikom, da ispričaš, saopštiš i tako to – ali sada idi, molim te.

RJOVŠIN. Da, sad ću otići s njim. Ako želiš, sačekaću ga u trpezariji? On verovatno preko telefona priča celu priču iz početka.

Pauza.

---

[*] Deminutiv od Ljubav, Ljuba. *(prim. prev.).*

20

Ljubzik, preklinjem te, ne izlazi danas iz kuće. Ako ti nešto treba, reci meni. I Marfu treba upozoriti, ona, kakva je, još bi mogla i da ga pusti unutra.

LJUBAV. Pa šta ti misliš? Da će on doći u goste? Da čestita rođendan mojoj majci? Ili šta?

RJOVŠIN. Ma ne, to je za svaki slučaj. Dok se stvari ne razjasne.

LJUBAV. Samo ti nemoj ništa da *razjašnjavaš*.

RJOVŠIN. Gle sad. Pa ti me stavljaš u nemoguć položaj.

LJUBAV. Ništa zato. Zadovolji se nemogućim. Neće to potrajati.

RJOVŠIN. Ja sam siromašan, kosmat, dosadan. Reci otvoreno da sam ti dosadio.

LJUBAV. I hoću.

RJOVŠIN. A ti si najdivnije, najčudnije, najprofinjenije stvorenje na svetu. Zamislio te je Čehov, izveo Rostan a odigrala Duze. Ne-ne-ne, jednom poklonjena sreća se ne oduzima. Čuj, hoćeš li da izazovem Barbašina na dvoboj?

LJUBAV. Prestani da izigravaš budalu. To je odvratno. Bolje vrati ovaj sto na mesto – stalno nalećem na njega. Dotrčao si, zadihao se, uzrujao jadnog Aljošu... Zašto je to bilo potrebno? Dotući će, ubiće, poubijaće... Kakve su to, na kraju krajeva, budalaštine!

LJUBAV. A možda će stvarno da ubije – Bog bi ga znao...

RJOVŠIN. Vidiš: i sama dopuštaš mogućnost.

LJUBAV. E, dragi moj, svašta ja dopuštam. Dopuštam stvari koje vi ni ne sanjate.

Troščejkin se vraća.

TROŠČEJKIN. Sve je u redu. Dogovorili smo se. Krećemo: on nas čeka kod svoje kuće.

RJOVŠIN. Nešto ste dugo razgovarali.

TROŠČEJKIN. A, telefonirao sam na još jedno mesto. Izgleda da će mi poći za rukom da dobijem nešto novca. Ljubav, došla je tvoja sestra: treba upozoriti nju i Antoninu Pavlovnu. Ako dobijem novac, već sutra ćemo krenuti.

RJOVŠIN. Dakle, vi ste se zaista aktivirali... Možda je to bezrazložno, možda Barbašin i nije baš tako strašan; vidite, čak se i rimuje.[*]

TROŠČEJKIN. Ne-ne, otperjaćemo nekud, a onda ćemo razmišljati. Jednom rečju, stvari staju na svoja mesta. Čujte, ja sam pozvao taksi, nešto mi se ne ide peške. Krenimo, krenimo.

RJOVŠIN. Samo ja neću da plaćam.

TROŠČEJKIN. I te kako hoćete. Šta tražite? Ta, *evo* je. Krećemo.Ti, Ljuba, nemoj da se brineš, kroz deset minuta biću kod kuće.

LJUBAV. Mirna sam. Vratićeš se živ.

RJOVŠIN. Vi sedite u dnevnoj sobi i budite dobra devojčica. Ja ću još da svratim u toku dana. Dajte ručicu.

Obojica odlaze udesno, a sa leve strane bez žurbe ulazi Vera. Ona je takođe mlada i privlačna, ali blaža je i pitomija od sestre.

VERA. Zdravo. Šta se to dešava u kući?

LJUBAV. Po čemu ti to?

VERA. Ne znam. Aljoša deluje nekako mahnito. Jesu li otišli?

LJUBAV: Otišli su.

VERA: Mama udara po mašini, kao zec po bubnju.

Pauza.

Opet kiša, odvratno. Pogledaj, nove rukavice. Izuzetno jeftino.

LJUBAV. I ja imam nešto novo.

VERA. A, to je zanimljivo.

LJUBAV. Leonid se vratio.

VERA. Sjajno!

LJUBAV. Viđen je na našem ćošku.

VERA. Nisam ga ja slučajno juče sanjala.

---

[*] (U originalu, *Barbašin* se rimuje sa – *strašan.)*

LJUBAV. Ispostavilo se da su ga pustili pre vremena iz zatvora.

VERA. Ipak je čudno: sanjala sam da ga je neko zaključao u orman za odeću, a kad su počeli da otvaraju i tresu orman, on je dotrčao s otvaračem, vrlo zabrinut, i pomogao im, a kad su najzad otvorili, tamo je visio samo frak. Čudno zar ne?

LJUBAV. Da. Aljoša je u panici.

VERA. Ah, Ljubuška, kakva novost! A bilo bi zanimljivo videti ga. Sećaš li se kako me je uvek zadirkivao, kako sam se ljutila. A, u stvari, jako sam ti zavidela. Ne plači, Ljubuška! Sve će biti u redu. Sigurna sam da vas on neće ubiti. Zatvor nije termos u kojem se jedna te ista misao može beskrajno održavati u vrućem obliku. Ne plači, draga moja.

LJUBAV. Postoji granica, do koje moji nervi izdržavaju. Ali ona je pređena.

VERA. Prestani, prestani. Ta postoji zakon, postoji policija, postoji, na kraju krajeva, zdrav razum. Videćeš, on će malo da luta, uzdiše, i nestaće.

LJUBAV. Ah, nije u tome stvar. Neka me ubije, bila bih sretna. Daj mi neku maramicu. Ah, Gospode... Znaš, danas sam se setila svog deteta – kako bi se on igrao ovim loptama – a Aljoša je bio tako odvratan, tako strašan.

VERA. Da, znam. Ja bih se, na tvom mestu, odavno razvela.

LJUBAV. Imaš li puder kod sebe? Hvala.

VERA. Razvela bih se, udala za Rjovšina, i , verovatno, istog trenutka ponovo razvela.

LJUBAV. Kada je dotrčao danas ovamo s licemernim pogledom vernog psa i ispričao nam, kao da mi je pred očima sve bljesnulo, sve, ceo moj život, i izgorelo poput papira. Šest beskorisnih godina. Jedina sreća bilo mi je dete, a i ono je umrlo.

VERA. Ipak, ti si u početku bila vrlo zaljubljena u Aljošu.

LJUBAV. Ma kakvi! Samo sam odglumila. I to je sve. Postojao je samo jedan čovek kojeg sam volela.

VERA. Baš me zanima: hoće li se javiti. Jer sigurno ćeš ga jednom sresti na ulici.

LJUBAV. Postoji jedna stvar... To kako ga je Aljoša udario po obrazu, dok ga je Miša držao. Iskoristio je priliku. To me je uvek proganjalo, uvek peklo, a sada me posebno peče. Možda zbog toga što osećam, da mi Ljonja nikada neće oprostiti što sam to videla.

VERA. Kakvo je to bilo čudno vreme... Gospode! Šta si sve proživljavala kada si odlučila da prekineš, sećaš li se? Ne, da li se samo sećaš?

LJUBAV. Glupo sam postupila, a? Baš sam idiotkinja.

VERA. Nas dve sedele smo u mračnom vrtu, padale su zvezde, i obe smo bile u belim haljinama, kao priviđenja, i duvan na leji bio je poput priviđenja, a ti si govorila da ne možeš više, da te Ljonja cedi: evo ovako.

LJUBAV. Nego. Imao je užasan karakter. Sam je priznavao da to nije karakter već harakiri. Beskrajno, besmisleno me je mučio ljubomorom, raspoloženjima, raznim svojim hirovima. Pa ipak je to bilo moje najbolje vreme.

VERA. A sećaš li se kako je tata uplašeno govorio da je on mutan špekulant. Polovina života mu je u senci, a druga polovina klimava je da ne može biti klimavija.

LJUBAV. S tim što to niko nije dokazao. Ljonji su, jednostavno, svi zavideli, a tata je uopšte smatrao, da onaj ko se bavi novčanim operacijama, a pri tome zapravo ničim ne trguje, mora da sedi ili iza rešetaka banke ili iza rešetaka zatvora. A Ljonja je bio izvan toga.

VERA. Da, ali to je tada takođe uticalo na tebe.

LJUBAV. Na mene su svi najašili tada. Miša me je najašio svojom telesinom. Mama me je polako glodala, kao što pas glođe lutku, kad niko ne vidi. Samo si ti, dušo moja, sve prihvatala i ničemu se nisi čudila. Ali, naravno, najviše ja sama: kad sam po našim susretima u parku zamišljala kakav će biti život sa njim u kući, osećala sam da će to biti neizdrživo: večita napetost,večiti elektricitet... Prava idiotkinja.

VERA. A sećaš li se kako je on tada dolazio neraspoložen i mrzovoljno pričao nešto izuzetno smešno. Ili, kako smo utroje sedeli na verandi, i ja znala da vi gorite od želje da ja odem, a ja sam sedela u ljuljašci i čitala Turgenjeva, a vi ste bili na divanu, i ja sam znala da ćete se vi ljubiti čim ja odem, i zato nisam odlazila.

LJUBAV. Da, on me je ludački voleo, to je bila bezumno-nesretna ljubav. Ali postojali su i drugačiji trenuci – trenuci potpune tišine.

VERA. Kad je otac umro i kad je prodata kuća, i vrt, meni je bilo krivo zbog toga što se uz njih daje sve ono što je po ćoškovima isšaptano, isšaljeno, isplakano.

LJUBAV. Da, suze, jeza... On je otišao poslom na dva meseca, a tu se zadesio Aljoša, sa snovima, kofama sa bojom. Pretvarala sam se da me je to zanelo – a i bilo mi je nekako žao Aljoše. On je bio tako detinjast, tako bespomoćan. I tada sam napisala Ljonji ono užasno pismo: sećaš li se kako smo usred noći gledale poštansko sanduče u kojem se već nalazilo pismo, i činilo se da se sanduče nadulo i da će eksplodirati kao bomba. ⌐

VERA. Meni lično Aljoša nikada nije imponovao. Ali činilo mi se da ćeš ti sa njim imati izvanredno zanimljiv život, a na kraju krajeva, mi još uvek ne znamo, u stvari, da li je on veliki umetnik ili bezveznjak. „Moj predak, vojvoda iz četrnaestog veka, pisao je Troščejkin sa „jat"*, pa zato, draga Vera, molim da i vi ubuduće tako pišete moje prezime."

LJUBAV. Da, ispada sa sam se ja udala za slovo „jat". I uopšte ne znam šta će sada biti... Reci mi: zašto sam ja imala taj besplatni dodatak s Rjovšinom? Šta će

---

* Naziv slova iz starog ruskog pravopisa, ukinutog 1917. godine.

mi to: samo nepotreban teret na duši, nepotrebna prašina u kući. I kako je ponižavajuće to što Aljoša sve odlično zna, a pravi se kao da je sve savršeno. Bože moj, Veročka, zamisli: Ljonja se nalazi nekoliko ulica od nas, ja u mislima stalno odlazim tamo i ništa ne vidim.

Ulazi Marfa sa dve lopte. To je starica sa crvenim licem i dve mesnate izrasline, na slepoočnicama i kod nosa.

VERA. U svakom slučaju, sve je to izuzetno zanimljivo.

Marfa sklanja šoljicu od kafe.

MARFA. A šta da kupim uz čaj? Ili ćete vi sami?

LJUBAV. Ne, bolje vi to uradite, molim vas. Ili možda da naručimo telefonom? Ne znam – sad ću doći i reći ću vam.

Upada Troščejkin. Marfa odlazi.

LJUBAV. Dakle?

TROŠČEJKIN. Ništa: u gradu je mirno.

VERA. A šta si ti mislio: da će ljudi ići sa zastavama?

TROŠČEJKIN. A? Šta? Kakve zastave? (ŽENI.) Ona već zna?

Ljubav sleže ramenima.

(*Veri.*) Šta ti kažeš na to? Lepa situacija, a?

VERA. Ja bih rekla, izuzetna.

TROŠČEJKIN. Možeš da mi čestitaš. Odmah sam se posvađao s Višnjevskim. Stari ljigavac. Ništa ga ne uzbuđuje. Zvao je policiju, ali i dalje je nejasno da li je Barbašin pod nadzorom, a ako jeste, u čemu se sastoji taj nadzor. Ispada, da dok nas ne ubiju, ništa ne može da se preduzme. Jednom rečju, sve je vrlo dražesno i elegantno. Uzgred, upravo sam iz kola video njegovog pomagača – kako se zvaše? – Aršinskog. To ne sluti na dobro.

VERA. O, Aršinskog? On je ovde? O, nisam ga videla hiljadu godina. Da , on i Ljonja Barbašin bili su u velikom prijateljstvu.

TROŠČEJKIN. Njih dvojica falsifikovali su menice – bio je isti takav mutan hohštapler. Čuj, Ljuba, pošto je za odlazak potreban novac, ne želim danas da propuštam seanse, u dva će doći dete, a zatim starica, ali goste moramo otkazati, pobrini se za to.

LJUBAV. Gle sad! Naprotiv: sada ću da izdam uputstva u vezi sa tortom. To je mamino slavlje i ja ni u kom slučaju nemam nameru da joj kvarim zadovoljstvo zbog nekih utvara.

TROŠČEJKIN. Draga moja, te utvare *ubijaju*. Svataš li ti to ili ne? I uopšte, ako ti na opasnost gledaš s takvom ptičijom bezbrižnošću, ja ... ne znam.

VERA: Aljoša, da li se ti plašiš da će se on uvući zajedno s ostalima?

TROŠČEJKIN. Recimo. Tu nema ništa smešno. Očekuju go-ste! Ma nemojte. Kada je tvrđava pod *opsadom* ne zovu se u goste dragi poznanici.

LJUBAV. Aljoša, tvrđava se već predala.

TROŠČEJKIN. Ti ovo namerno radiš? Odlučila si da me izvedeš iz takta?

LJUBAV. Ne, jednostavno, ne želim drugima da zagorčavam život zbog tvojih mušica.

TROŠČEJKIN. Postoji hiljadu stvari koje treba da rešimo, a mi se bavimo besmislicama. Recimo, da mi Baumgarten nabavi novce... A šta posle? To znači da treba sve ostaviti, a ja imam pet nedovršenih portreta, i važna pisma, i sat na popravci... I, ako treba da idemo, kuda?

VERA. Ako želiš da čuješ moje mišljenje: ti ovo isuviše uzimaš k srcu. Ljuba i ja upravo smo sedele i prisećale se prošlosti – i došle smo do zaključka da ti nemaš nikakvih razloga da se bojiš Ljonje Barbašina.

TROŠČEJKIN. Ta što ga ti stalno nazivaš Ljonja... Je li on možda – vunderkind? Eto, i Višnjevski me je smirivao. Lepo sam ga ućutkao. Sad se više ne možemo oslanjati na pomoć državnih organa – uvredio se ljigavac. Ja nisam kukavica, ne plašim se za sebe, ali zaista ne želim da mi utera metak prva ništarija koja naiđe.

VERA. Aljoša, nije mi jasna jedna sitnica. Ta ja se odlično sećam, ne tako davno, *svi zajedno* raspravljali smo pitanje: šta će biti kad se Barbašin vrati.

Ljubav izlazi.

TROŠČEJKIN. Pretpostavimo...

VERA. I ti si tada potpuno mirno... Ne, nemoj da stojiš okrenut leđima.

TROŠČEJKIN. Ako gledam kroz prozor, to nije bez razloga.

VERA. Plašiš se da on vreba?

TROŠČEJKIN. Ne sumnjam da je negde u blizini i čeka trenutak...

VERA. Ti si tada mirno sve razmatrao, i tvrdio da ne gajiš zlobu, da ćete se jednom pobratimiti. Ukratko, blagost i plemenitost.

TROŠČEJKIN. Ne sećam se. Naprotiv: nije bilo dana da me nije mučio njegov povratak. Zar misliš da se nisam pripremao za odlazak? Ali kako sam mogao predvideti da će ga odjednom osloboditi? Kako, reci? Kroz jedno dva meseca, bila bi moja izložba...Osim toga, ja očekujem pisma... Za godinu dana bismo otputovali... I to, naravno, zauvek!

Ljubav se vraća.

LJUBAV. E, dobro. Sada ćemo doručkovati. Veročka, ostaješ, zar ne?

VERA. Ne, mila moja, odlazim. Svratiću još jednom kod mame, pa ću da krenem kući. Znaš, Vešečka dolazi iz bolnice, treba ga nahraniti. Doći ću u toku dana.

LJUBAV. Dobro, kako želiš.

VERA. Uzgred, ta njegova svađa sa mamom počinje da me ljuti.

Uvrediti se na staru ženu zbog toga što se ona usudila da izjavi kako je on nekome postavio netačnu dijagnozu. To je strašno glupo.

28

LJUBAV. Ali dođi odmah posle doručka.

TROŠČEJKIN. Gospodo, to je čista ludost! Poslednji put ti ponavljam, Ljuba: treba otkazati današnji festival. Do đavola!

LJUBAV *(Veri)* . Kako je on čudan čovek, zar ne? Evo, sada će ovako da drvi još ceo sat i uopšte se neće umoriti.

TROŠČEJKIN. Izvrsno. Samo, ja neću prisustvovati.

LJUBAV. Znaš, Veročka, mislim da ću izaći s tobom do ćoška: sunce se pojavilo.

TROŠČEJKIN. Ti ćeš izaći napolje? Ti...

VERA. Sažali se nad mužem, Ljubinjka. Biće vremena za šetnju.

TROŠČEJKIN. Ne, draga moja... Ako ti... Ako ti to uradiš...

LJUBAV. Dobro, dobro. Samo nemoj da urlaš.

VERA. Dobro, ja odoh. Znači, dopadaju ti se moje rukavice? Simpatične su, zar ne? A ti se, Aljoša, smiri... Saberi se... Niko ne žudi za tvojom krvlju.

TROŠČEJKIN. Zavidim ti na tvojoj smirenosti, dušice. A kad ti ukokaju sestru, onda ćeš se setiti – i skakaćeš od muke. Ja, u svakom slučaju, sutra odlazim. A ako ne nabavim novac, bar ću znati da mi preti smrt. O, kako bi me čuvali da sam zelenaš, ili trgovac mešovitom robom! Ništa, ništa! Jednog dana, moje će slike prisiliti ljude da se počešu po potiljku, samo, ja to neću dočekati. Kakva podlost! Ubica noću šeta pod prozorima, a debeli advokat savetuje mi da pustim da se *slegne*. Ko će to da se slegne, voleo bih da znam? Hoću li to ja u grobu da se slegnem? Ne, izvinite! Neću se ja dati tako lako!

VERA. Do viđenja, Ljubinjka. Dakle, doći ću uskoro. Sigurna sam da će sve biti u redu. Ipak, danas bolje sedi kod kuće.

TROŠČEJKIN *(pored prozora)*. Ljuba! Dođi brzo – eno ga.

VERA. Ah, i ja želim da vidim.

TROŠČEJKIN. Tamo!

LJUBAV. Gde? Ništa ne vidim.

TROŠČEJKIN. Tamo! Pored kioska. Tamo, tamo, tamo. Stoji. Vidiš li?

LJUBAV. Koji? Na kraju pločnika? Sa novinama?

TROŠČEJKIN. Da, da, da!

Ulazi Antonina Pavlovna.

ANTONINA PAVLOVNA. Deco moja, Marfa već servira doručak.

TROŠČEJKIN. Vidiš li sada? Dakle, ko je bio u pravu? Ne izvikuj! Jesi li poludela?

Zavesa.

DRUGI ČIN

Dnevna soba, koja je istovremeno i trpezarija. Ljubav, Antonina Pavlovna. Sto, bife. Marfa sklanja sa stola ostatke doručka i stolnjak.

MARFA. Ljubav Ivanovna, u koliko će sati on doći?

LJUBAV. Uopšte neće doći. Možete prestati da brinete o tome. *Vezeni* stolnjak molim.

MARFA. Naplašio me Aleksej Maksmimovič. Kaže, imaće naočare.

LJUBAV. Naočare? Šta to izmišljate?

MARFA. Ta meni je svejedno. Ja ga nikad nisam videla.

ANTONINA PAVLOVNA. Eto. Lepo ju je izdresirao – ne može se prigovoriti!...

LJUBAV. Nisam ni sumnjala da će je Aljoša zbuniti. Kad on opisuje čoveka, to je kvazifantazija ili tendencija. *(Marfi.)* Da li su poslali sve iz poslastičarnice?

MARFA. Ono što ste naručili, su i poslali. Bled je, kaže, s podignutom kragnom, a kako ja mogu da razlikujem bledog od rumenog, pogotovo ako ima podignutu kragnu i crne naočare?

(Odlazi.)

LJUBAV. Glupa, primitivna starica.

ANTONINA PAVLOVNA. Ipak ti, Ljubuška, zamoli Rjovšina da pripazi na nju, ona bi mogla da zbog straha nikoga ne pusti.

LJUBAV. Najgore je, što laže. Mogla bi odlično da se snađe, samo kada bi htela. Od ovih ludih razgovora ja već i sama počinjem verovati da će se on odjednom pojaviti.

ANTONINA PAVLOVNA. Jadni Aljoša! Njega mi je žao... Nju je uplašio, na *mene* se izderao zbog nečega... Šta sam ja to loše rekla za vreme doručka?

LJUBAV. Dobro, shvatljivo je to što je izvan sebe.

Mala pauza

Čak je počeo da halucinira... Videti u onižem plavokosom čoveku, koji mirno kupuje novine... Kakva glupost! Ali ne možeš ga ubediti. On je zaključio da Barbašin šeta pod našim prozorima, i to je za njega tako.

ANTONINA PAVLOVNA. Upravo mi je pala na pamet smešna stvar: pa od svega ovoga mogao bi da ispadne vrlo solidan pozorišni komad.

LJUBAV. Draga moja majčice! Ti si divna, staložena žena. Tako sam sretna što mi je sudbina dodelila majku književnicu. Neka druga bi jaukala i kukala, a ti stvaraš.

ANTONINA PAVLOVNA. Ne, zaista. To bi se moglo preneti na scenu, gotovo bez izmena, samo treba, malo zgusnuti. Prvi čin: Ovakvo jutro kao danas... Doduše, umesto Rjovšina ja bih uzela drugog glasonošu, nekog manje stereotipnog. Recimo, pojavljuje se zabavan policijski službenik s crvenim nosom, ili advokat s jevrejskim akcentom. Ili, na kraju krajeva, neka fatalna lepotica, koju je Barbašin svojevremeno ostavio. Sve to može lako da se zamesi. A posle toga razvija se radnja.

LJUBAV. Jednom rečju: gospodo, u naš grad stigao je revizor. Ja vidim da ti celu ovu priču shvataš kao dodatni neočekivani dar za svoj rođendan. Bravo, majčice! A kako se, po tebi, stvari dalje razvijaju? Hoće li biti pucnjave?

ANTONINA PAVLOVNA. E, o tome još treba razmisliti. Možda će on sam sebe ustreliti pred tvojim nogama.

LJUBAV. Strašno bih volela da znam kraj. Leonid Viktorovič je o pozorišnim komadima govorio da, ako u prvom činu na zidu visi puška, onda u poslednjem ona mora da zataji.

ANTONINA PAVLOVNA. Samo, nemoj ti, molim te, da praviš neke gluposti. Razmisli, Ljubuška, pa to je sreća što se nisi udala za njega. A kako si se samo ljutila na mene, kad sam, još na samom početku, pokušavala da te urazumim.

LJUBAV. Majčice, bolje piši komad. A moje se uspomene nikad ne slažu s tvojima, tako da ih nema svrhe ni porediti. Da, pa ti si htela da nam pročitaš svoju bajku.

ANTONINA PAVLOVNA. Pročitaću je kad dođu gosti. Izdrži dotle.

Pre doručka proširila sam je i doterala. Ne shvatam zašto nisam dobila pismo od Miše. Čudno. Da nije bolestan...

LJUBAV. Gluposti. Zaboravio je, a u poslednjem trenutku odjuriće u galopu na telegraf.

Ulazi Rjovšin, maltene u žaketu.

RJOVŠIN. Još jednom zdravo. Kako smo raspoloženi?

LJUBAV. O, izvrsno. Jeste li se vi to spremili na sahranu?

RJOVŠIN. Zašto? Zbog crnog odela? Pa ne može drugačije: porodično slavlje, pedesetogodišnjica drage spisateljice. Vi, ako se ne varam, volite krizanteme, Antonina Pavlovna... To je pravi spisateljski cvet.

ANTONINA PAVLOVNA. Divno! Hvala, dragi prijatelju. Ljubuška, eno tamo je vaza.

RJOVŠIN. A znate li zašto je to spisateljski cvet? Zato što krizantema uvek ima *temu*.

LJUBAV. Srce društva...

RJOVŠIN. A gde je Aleksej Maksimovič?

ANTONINA PAVLOVNA. Ah, jadničak ima seansu. Slika draguljarevog sina. Što, zar imate nekih novosti? Jeste li opet sreli begunca?

LJUBAV. Znala sam: sad će se proširiti glasine da je pobegao s robije.

RJOVŠIN. Nema naročitih novosti. A kako vi gledate na situaciju, Antonina Pavlovna?

ANTONINA PAVLOVNA. Optimistički. Uzgred, uverena sam, da kad bi mi dali da popričam sa njim pet minuta, sve bi se odmah razjasnilo.

LJUBAV. Ne, ova vaza ne odgovara. Plitka je.

ANTONINA PAVLOVNA. On je životinja, a ja umem da pričam sa životinjama. Jednom je neki pacijent hteo da povredi mog pokojnog muža – zbog toga što mu, tobože, nije na vreme spasio ženu. Brzo sam ga stišala. Daj mi to cveće ovamo. Sama ću da ga stavim, imam tamo vaza koliko hoćeš. Momentalno se umirio.

LJUBAV. Ali, majčice, tako nešto nikad se nije dogodilo.

ANTONINA PAVLOVNA. Pa, naravno: kad ja imam da ispričam nešto zanimljivo, to je uvek samo moja uobrazilja. *(Odlazi sa cvećem.)*

RJOVŠIN. Ta zašto si se opet okomila na mene... Pa ti... vi... znate, da ja...

LJUBAV. Znam vi obožavate da se bavite tuđim stvarima. Šerlok Holms iz Barnaula.

RJOVŠIN. Ali ne, zaista...

LJUBAV. Hajde, zakunite se da ga više niste videli.

Strahovit zveket. Upada Troščejkin.

TROŠČEJKIN. Ogledalo je razbijeno! Odvratno derište razbilo je loptom *ogledalo!*

LJUBAV. Gde? Koje?

TROŠČEJKIN. U predsoblju. Idi-idi. Ugledaćeš lep prizor!

LJUBAV. Ja sam te upozorila da on, posle poziranja, treba odmah da ide kući, a ne da igra fudbal. Naravno, da dete poludi, kad ima pet lopti... *(Brzo odlazi.)*

TROŠČEJKIN. Kažu da je to gadan predznak. Ja ne verujem u predznake, ali iz nekog razloga uvek su mi se ostvarivali u životu. Kako je to neprijatno... Dakle, pričajte.

RJOVŠIN. Imam ponešto. Samo vas usrdno molim – ni reči vašoj ženici. To će je samo uznemiriti, pogotovo ako se uzme u obzir to da ona na ovu situaciju gleda kao na svoju privatnu stvar.

TROŠČEJKIN. Dobro, dobro... Istresite.

RJOVŠIN. Dakle, čim smo se rastali, ja sam otišao na ulicu i počeo da dežuram.

TROŠČEJKIN. Jeste li ga videli? Razgovarali sa njim?

RJOVŠIN. Sačekajte, sve po redu.

TROŠČEJKIN. Do đavola red!

RJOVŠIN. Primedba vam je, u najmanju ruku, anarhistička, ali ipak se strpite. Danas ste već, vašom sklonošću prema brzim odgovorima, pokvarili odnose s Višnjevskim.

TROŠČEJKIN. E, za to me baš briga. Snaći ću se ja na drugi način.

RJOVŠIN. Kao što znate, bilo je oko deset sati. Tačno u pola jedanaest tamo je ušao Aršinski – znate li o kome se radi?

TROŠČEJKIN. Pa da, zato sam ga video na bulevaru, očigledno je išao baš tamo.

RJOVŠIN. Ja sam odlučio da čekam, bez obzira na kišu. Prošlo je četvrt sata, pola sata, četrdeset minuta. E, rekoh, taj sigurno do večeri neće izaći.

TROŠČEJKIN. Kome?

RJOVŠIN. Šta – kome?

TROŠČEJKIN. Kome ste to rekli?

RJOVŠIN. Pored mene stajali su jedan vrlo bistar prodavac iz dućana i jedna dama iz susedne zgrade. I još neko, ne sećam se. To je potpuno nevažno. Uglavnom, rekli su mi da je on već izlazio jutros po cigarete, a sada će sigurno krenuti na doručak. U to se vreme malo prolepšalo...

TROŠČEJKIN. Molim vas – bez opisa prirode. Da li ste ga videli ili ne?

RJOVŠIN. Video sam ga. U dvadeset do dvanaest izašao je zajedno s Aršinskim.

TROŠČEJKIN. Aha!

RJOVŠIN. U svetlo sivom odelu. Izbrijan kao bog, a na licu užasan izraz: užaren pogled crnih očiju, na usnama podsmeh, obrve namrštene. Na ćošku se oprostio s Aršinskim i ušao u restoran. Ja sam, onako, neprimetno prošao pored i kroz izlog ga ugledao kako sedi za stolom pored prozora i nešto zapisuje u notes. U to su mu doneli jelo, počeo je da jede – a ja sam osetio da sam i ja smrtan čovek i odlučio da krenem kući na doručak.

TROŠČEJKIN. Dakle, bio je smrknut.

RJOVŠIN. Đavolski smrknut.

TROŠČEJKIN. Eh, da sam ja zakonodavac, ja bih za izraz lica svakoga odmah privodio u stanicu. Je li to sve?

RJOVŠIN. Strpljenja. Nisam odmakao ni pet koraka kad me stiže lakej iz restorana s ceduljom. Od njega. Evo je. Vidite, savijena, i odozgo njegovim rukopisom: „Gospodinu Rjovšinu na ruke"... Probajte da pogodite, šta piše u njoj?

TROŠČEJKIN. Dajte brže, nemam vremena da pogađam.

RJOVŠIN. Ipak.

TROŠČEJKIN. Ta dajte, kad vam kažem.

RJOVŠIN. Uostalom, ionako ne biste pogodili. Evo.

TROŠČEJKIN. Ne shvatam... Ovde ništa ne piše. Prazan papir.

RJOVŠIN. Upravo to i jeste jezivo. Takvo belilo strašnije je od svake pretnje. Prosto me je oslepilo.

TROŠČEJKIN. Ipak je talentovana ta krvopija. U svakom slučaju, ovo treba sačuvati. Može poslužiti kao materijalni dokaz. Ne, više ne mogu da izdržim... Koliko je sati?

RJOVŠIN. Tri i dvadeset pet minuta.

TROŠČEJKIN. Za pola sata doći će gnusna Vagabundova: možete li zamisliti, koliko sam danas *raspoložen* da slikam portrete? I to iščekivanje... Uveče očekujem telefonski poziv... Ako ne bude novca, moraćete da odete po ludačku košulju za mene. Kakva situacija! Svi mi okolo duguju, a u kući – šipak. Zar zaista ne možete ništa da smislite?

RJOVŠIN. Pa, čujte... Vidite li, ja lično trenutno nemam slobodnog novca, ali, u krajnjem slučaju, nabaviću vam za kartu – naravno, ne za neko udaljeno mesto, i, recimo, za dve nedelje života tamo, međutim, pod uslovom da pustite Ljubav Ivanovnu kod moje sestre u selo. A za dalje ćemo videti.

TROŠČEJKIN. E, izvinite: ja bez nje ne mogu. To odlično znate. Pa ja sam kao malo dete. Ništa ne umem, sve zabrljam.

RJOVŠIN. Šta da se radi, moraćete sve da brljate. Njoj će tamo biti odlično, sestra mi je prva liga, a i ja ću navraćati. Imajte u vidu, Aleksej Maksimovič, da kad je meta podeljena na dva dela, a ti delovi se nalaze na različitim mestima, onda nema u šta da se gađa.

TROŠČEJKIN. Ništa ja ne kažem...To je, uopšte, uzev, razumno... Ali Ljuba će se zainatiti.

RJOVŠIN. Nekako će se dati nagovoriti. Samo vi to prikažite tako kao da je to, tobože, vaša ideja, a ne moja. Tako će biti pristojnije. Nas dvojica sada razgovaramo kao dva džentlmena, i, usuđujem se da primetim, vi odlično shvatate situaciju.

TROŠČEJKIN. Dobro, videćemo. A šta vi mislite, ser, ako ja zaista sutra krenem na put, možda bi trebalo da se prerušim? Baš su mi ostali od našeg pozorišta brada i perika. A?

RJOVŠIN. Što da ne? Može. Samo, pazite, nemojte da uplašite putnike.

TROŠČEJKIN. Da, sve je to više-manje... Ali, s druge strane, mislim, ako mi je obećao, onda će i nabaviti. Zar ne?

RJOVŠIN. Aleksej Maksimovič, ja nemam uvid u vaše kreditne mogućnosti.

Ulaze Ljubav i Vera

VERA *(Rjovšinu).* Zdravo, konfidentu.

TROŠČEJKIN. Ljuba, čuj, šta on priča. *(Stavlja ruku u džep tražeći cedulju.)*

RJOVŠIN. Dragi moj, vi ste se složili da tu rizičnu anegdotu ne saopštavamo damama.

LJUBAV. Saopštite nam je, smesta.

TROŠČEJKIN. Ah, ostavite me na miru. *(Odlazi.)*

LJUBAV. *(Rjovšinu.)* Lepo od vas!

RJOVŠIN. Kunem se, Ljubav Ivanovna...

LJUBAV. Zamolila bih vas nešto. Tamo u predsoblju je užasan nered. Ja sam, recimo, posekla prst. Dođite – treba preneti drugo ogledalo iz spavaće sobe. Marfa ne može.

RJOVŠIN. Sa zadovoljstvom.

LJUBAV. I uopšte, vi ćete paziti da ona ne uplaši nekog nevinog gosta, misleći da je posredi vaš današnji sagovornik.

RJOVŠIN. Ljubav Ivanovna, ja nisam razgovarao sa njim – kunem se Bogom!

LJUBAV. I ujedno joj recite neka dođe da mi pomogne da postavim sto za čaj. Sada će početi da dolaze.

VERA. Ljubočka, dozvoli da ja postavim, ja to obožavam.

RJVOŠIN. Uverićete se, biću kao Kerber. *(Odlazi.)*

LJUBAV. Svaki put, kad očekujem goste, iz nekog razloga mislim o tome kako sam svoj život protraćila. Ne, bolje male... I tako, kažeš? Znači, još uvek ima istu domaćicu?

VERA. Da, istu. Ove?

LJUBAV. Može. A otkud Liza nju zna?

VERA. Ona je svojevremeno preporučila Lizu Stanislavskim, a ja sam je dobila od njih. Danas, kad sam došla od tebe, zatekla sam je u živahnom razgovoru s domarom. Samo mrmljaju – Barbašin pa Barbašin.

Jednom rečju, ispada da je on stigao bez najave, sinoć oko sedam sati, ali sve je bilo u savršenom redu, pošto je domaćica sve vreme živela tamo.

LJUBAV. Da, dobro se sećam tog stana.

VERA. Noćas je nekud izlazio, a zatim je, maltene od zore, kucao pisma na mašini.

LJUBAV. Ah, Vera, kako je sve to, u stvari, banalno. Zbog čega mene treba da interesuju spletke dveju starih baba.

VERA. Ipak ti je interesantno, priznaj! I pomalo te je strah.

LJUBAV. Da – i pomalo me je strah...

Ulaze Marfa sa tortom i Antonina Pavlovna s voćem.

VERA. A šta ako on zaista namerava nešto zlokobno? Da, ima još: kao da je jako smršao u zatvoru i prvo mu je bilo da naruči odrezak i flašu šampanjca. Uglavnom, Liza ga je mnogo sažaljevala... Koliko će otprilike biti ljudi? Jesam li dobro izbrojala?

LJUBAV. Pisac... Teta ŽENJA, čika Pol ... Starica Nikoladze....Mešajev... Rjovšin... Nas četvoro... to je, čini se, sve. Za svaki slučaj, postavićemo još jedan pehar.

VERA. Za koga to? Ili?...

ANTONINA PAVLOVNA. Mešajev je rekao da će možda doći njegov brat. A znaš li, Ljubuška...

LJUBAV. Šta?

ANTONINA PAVLOVNA. Ne, ništa, pomislila sam da je to od starog zelja.

Ulazi Troščejkin.

TROŠČEJKIN. E najzad, hvala Bogu. Ljudi počinju da se bude. Ljuba, upravo je telefonirao Kuprikov i molio nas da ne izlazimo napolje. On sada treba da dođe ovamo. Očigledno ima nešto novo. Nije hteo da priča preko telefona.

LJUBAV. Jako mi je žao, što će doći. Ja uopšte ne podnosim tvoje kolege.Vidiš, pehar će nam zatrebati. Stavi ti još jedan.

TROŠČEJKIN. Da, izgleda da ljudi počinju shvatati naš položaj. Znaš, mislim da ću se potkrepiti.

LJUBAV. Ostavi tortu, ne budi prostak. Sačekaj dok se okupe gosti, onda ćeš moći neprimetno da se prežderavaš.

TROŠČEJKIN. Kad dođu gosti, ja ću biti u svojoj sobi. Nemojte zameriti. Dobro, uzeću samo bombonu.

VERA. Aljoša, ne kvari. Tako sam lepo postavila. Čuj, lupiću te po prstima.

ANTONINA PAVLOVNA. Evo ti parče biskvita.

Zvono.

TROŠČEJKIN. A, to je stara Vagabundova. Pokušaću danas da je završim. Ruke mi drhte, ne mogu da držim kist, ali ću je, ipak, dovršiti, đavo je odneo! Neću se previše truditi.

VERA. To ti od pohlepe drhte ruke.

Ulazi Rjovšin

RJOVŠIN. Gospodo, došla je neka osoba, koja, sudeći po nekim znacima, ne ulazi u današnji program. Neka Eleonora Šnap. Da je uvedem?

TROŠČEJKIN. Šta je ovo Antonina Pavlovna? Koga vi to pozivate? Napolje!

ANTONINA PAVLOVNA. Ja je nisam zvala. Šnap? Jao, Ljubuška... Pa to je, izgleda, tvoja bivša babica?

LJUBAV. Da. Užasna žena. Nemojte je uvesti.

ANTONINA PAVLOVNA. Kad je već došla da mi čestita, onda je ne treba terati. Nije lepo.

LJUBAV. Kako želiš. *(Rjovšinu.)* Hajde, brzo. Zovite je.

VERA. Poslednji put videli smo je na sahrani...

LJUBAV. Ne sećam se, ničega se ne sećam...

TROŠČEJKIN *(sprema se da ode na levu stranu)*. Ja, u svakom slučaju, odlazim.

VERA. Grešiš. Nećaka njenog prvog muža bila je udata za Barbašinovog brata od strica.

TROŠČEJKIN. A! To je druga stvar...

Ulazi Elenora Šnap: ljubičasta haljina, cviker.

40

ANTONINA PAVLOVNA. Kako je ljubazno od vas što ste svratili. Ja sam, u stvari, molila da se ništa ne razglašava, ali očigledno da je to nemoguće zadržati u tajnosti.

ELENORA ŠNAP. Na žalost, o tome već ceo grad priča.

ANTONINA PAVLOVNA. Upravo, na *žalost!* Vrlo dobro. Ja dobro shvatam da nemam čime da se ponosim zbog toga: to je samo korak bliže grobu. Ovo je moja kći Vera, Ljubav – naravno, upoznajte i mog zeta, a Nadu nemam.

ELENORA ŠNAP. Bože mili! Zar je beznadežno?

ANTONINA PAVLOVNA. Da, strahovito beznadežna porodica. *(Smeje se.)* A kako bih samo želela da imam malu Nadicu sa zelenim očima.

ELENORA ŠNAP. Tako?

LJUBAV. Posredi je nesporazum. Mamice!

ANTONINA PAVLOVNA. Sedite, molim vas. Sada ćemo piti čaj.

ELENORA ŠNAP. Kad sam danas saznala prosto sam pljesnula rukama. Mislim se: treba ih oma' obići.

LJUBAV. I pogledati, kako oni to proživljavaju?

ANTONINA PAVLOVNA. Ali otkud ona to zna? Aljoša, jesi li se ti izleteo?

LJUBAV. Mamice, kažem ti, ovde je posredi idiotska zbrka. *(obraća se Šnapovoj.)* Stvar je u tome da je danas mojoj majci rođendan.

ELENORA ŠNAP. Nesrećna mati! O, ja se rozmem...

TROŠČEJKIN. Recite, da li ste vi možda tog čoveka...

LJUBAV. Prekini, molim te. Kakvi su to razgovori?

ELENORA ŠNAP. Prijatelj se pozna u velikoj nesreći, a neprijatelj u malim. Tako je govorio moj profesor Eser. Nisam mogla da ne dođem.

VERA. Nema nikakve nesreće. Šta vam je? Svi su potpuno mirni; čak su u prazničnom raspoloženju.

ELENORA ŠNAP. Da, to je dobro. Nikada ne treba podlegati.Treba se držati – ovako! *(Ljubavi.)* Jadnice, jadnice moja! Jadna žrtvenice. Zahvalite Bogu, što vaše detence ne vidi sve ovo.

LJUBAV. Recite mi, Elenora Karlovna... imate li mnogo posla? Mnogo se porađaju?

ELENORA ŠNAP. O, ja znam: moja reputacija je reputacija hladnog ženskog lekara... Ali, verujte, osim klešta, ja imam još i veliko tužno srce.

ANTONINA PAVLOVNA. U svakom slučaju, mi smo veoma dirnuti vašom brigom.

LJUBAV. Mamice! Ovo je neizdrživo...

Zvono.

TROŠČEJKIN. Onako, među nama: da niste možda danas videli tog čoveka?

ELENORA ŠNAP. Malopre sam zalazila, ali nije bio kod kuće. A zašto, želite mu nešto poručiti?

Ulazi Rjovšin.

RJOVŠIN. Aleksej Maksimoviču, došla vam je gospođa Vagabundova.

TROŠČEJKIN. Stižem. Čuj, Ljuba, kad dođe Kuprikov, odmah me pozovi.

Vagabundova ulazi poput lopte koja skakuće: u vrlo poodmaklim godinama, haljina bela, sa čipkom, ista takva lepeza, vrpca od baršuna, kajsijasta kosa.

VAGABUNDOVA. Zdravo, zdravo, oprostite mi moj dolazak, Aleksej Maksimoviču, u ovako nezgodan trenutak –

TROŠČEJKIN. Hajdemo, hajdemo!

VAGABUNDOVA. – i bez obzira na vaša htenja –

LJUBAV. Gospođo, videćete, on je danas veoma raspoložen.

VAGABUNDOVA. Ne dopuštam obrazloženja!
        Ne-ne-ne-ne,
        Moj portret danas slikan biti neće
        I bože moj, kako vam se dopada,
        Da gledate kako ova loptica propada!

TROŠČEJKIN. Moramo da završimo portret.

VAGABUNDOVA. Umetniče, meni ne treba herojstvo!
Ja poštujem vaše rastrojstvo:
Ja sam i sama udova –
I ne jedanput, već dva.
Moj bračni život mračna laž je bio
i lanac ga je činio,
u kom smrti behu karike česte.
Rekla bih da čekate goste?
ANTONINA PAVLOVNA. Sedite, molim vas.
VAGABUNDOVA. Vapim za novostima!
TROŠČEJKIN. Čujte, ozbiljno vam govorim. Popijte
čaj, pojedite nešto – na primer ovog goluba u sosu –
ali posle toga želim da vas slikam! Shvatite, ja, vero-
vatno, sutra odlazim. Treba da završimo!
ELENORA ŠNAP. Tako je. Ovo razum govori. Odlazi-
te, odlazite i opet odlazite! Ja sam oduvek malo bo-
lje poznavala mesje Barbašina, i on će, naravno, uči-
niti nešto užasno.
VAGABUNDOVA. Možda bombu baciće?
Da li hrabrosti imaće?
Baciće
I sve nas
Ovaj čas – ovaj čas
Razneće.
ANTONINA PAVLOVNA. Ja se za sebe ne brinem. U
Indiji postoji verovanje, da samo veliki ljudi umiru
na svoj rođendan. Zakon celih brojeva.
LJUBAV. Nema takvog verovanja, majčice.
VAGABUNDOVA. Neverovatna koincidencija:
Porodični praznik i – ova tendencija!
ELENORA ŠNAP. To i ja kažem. Oni su bili tako sreć-
ni! Na čemu se drži ljudska sreća? Na tanušnoj-tanu-
šnoj niti!
VAGABUNDOVA *(Antonini Pavlovnoj)*. Kakvo prediv-
no cedilo! Meni tečnije, tečnije dajte... Da, sreća. I
odjednom – pogledajte!

43

VERA. Bože, ta zašto ih vi već opojavate? Svi su odlično-no znali da će se Barbašin jednom vratiti, a to što se on vratio nešto ranije, ništa, u suštini, ne menja. Uveravam vas da on više ne misli o njima.

Zvono.

VAGABUNDOVA. Ne recite. Sve to sam prošla ja...
Verujte, razjarila ga je robija!
Ne, mili Aleksej Maksimoviču!
Danas na portret zaboraviću.
Ja se ne mogu zaustaviti.
Uzbuđena sam, srce će mi lupati.

Ulazi Rjovšin.

RJOVŠIN. Jevgenija Vasiljevna sa suprugom, takođe i slobodni umetnik Kuprikov.

TROŠČEJKIN. A, sačekajte. On je k meni došao. (Odlazi.)

ELENORA ŠNAP. *(Vagabundovoj)* Ja vas savršeno razumem! I meni srce krvari. U poverenju, sada sam već potpuno sigurna da je to bilo *njegovo* dete...

VAGABUNDOVA. Nema sumnje! Ali drago mi je da čujem profesionalno mnenje.

Ulaze teta ŽENJA i čika POL. Ona: punačka, u svilenoj haljini, da je pola veka ranije nosila bi kapicu s vrpcama. On: bela četkasta kosa, beli junački brkovi, koje rašćešljava četkicom, dostojanstven, ali senilan.

TETA ŽENJA. Zar je moguće da je sve to istina? Pobegao je s robije? Pokušao noću da provali kod vas?

VERA. Gluposti, teta Ženja. Zašto slušate svakakve izmišljotine.

TETA ŽENJA. Lepe izmišljotine! Evo Pol ga je danas...
Sad će on sam da ispriča. Meni je divno ispričao.
Čućete. *(Antonini Pavlovno.)* Čestitam ti rođendan, Antonina, mada ne znam koliko je to danas umesno.
(Ljubavi, pokazujući na Šnapovu.) S ovom rospijom ja ne razgovaram. Da sam znala, ne bih došla...
Pol, svi te slušaju.

ČIKA POL. Nekako ovih dana...

TETA ŽENJA. Ma, ne, ne: danas...

ČIKA POL. Danas sam, kažem vam, potpuno neočekivano za sebe, iznenada ugledao kako izvesna osoba izlazi iz restorana.

VAGABUNDOVA. Iz restorana?

Tako rano?

Sigurno, pijana?

ANTONINA PAVLOVNA. Ah, Ženječka, ti ćeš me zaista razmaziti. Divno! Pogledaj, Ljubuška, kakve maramice.

ELENORA ŠNAP. Da. Plakaćete u njih.

ČIKA POL. Uzimajući u obzir dužinu mog posmatranja i brzinu prolaska objekta, tvrdim, da sam se nalazio u treznom stanju.

TETA ŽENJA. Ma ne ti, nego on.

ČIKA POL. Dobro: on.

VERA. Čika Pole, tebi se sve to prividelo. To nije opasno, ali treba pripaziti.

LJUBAV. Uopšte, sve to nije naročito zanimljivo... Čime da te poslužim? Hoćeš li prvo tortu? Sada će nam mama čitati svoju novu bajku.

ČIKA POL. Meni se tako učinilo, i nema te sile koja bi me mogla naterati da promenim iskaz.

TETA ŽENJA. Hajde, hajde, Pol... nastavi... taman si se zagrejao.

ČIKA POL. On je išao, i ja sam išao. A ovih dana sam video kako je nastradala žena na biciklu.

VAGABUNDOVA. Stanje je užasno!

Treba otputovati – to je jasno!

To važi za svakoga!

A ja bih pojela još malo ovoga.

ANTONINA PAVLOVNA. Ljubuška, možda da sačekamo dok svi dođu?

LJUBAV. Ne, ne, nema veze, počni.

ANTONINA PAVLOVNA. Dobro, počnimo. Dakle, ovom bajkom ili studijom završava se ciklus mojih „Ozarenih Jezera“. Pol, prijatelju moj, sedi, molim te.

ČIKA POL. Radije bih stajao.

Zvono.

TETA ŽENJA. Ne shvatam. On je to tako slikovito, tako lepo prepričavao, a sada se nešto zaglavilo. Možda će se kasnije otkraviti. *(Mužu.)* Ne dopada mi se tvoje ponašanje u poslednje vreme.

Ulazi Rjovšin, propuštajući ispred sebe staru Nikoladze, suvu, podšišanu ženu u crnom, i Poznatog Pisca: on je stari laf, govori pomalo kroz nos, polako i značajno, s povremenim efektnim pročišćavanjem grla posle reči, odeven je u smoking.

ANTONINA PAVLOVNA. A, najzad!

PISAC. Dakle... Treba vam čestitati, izgleda.

ANTONINA PAVLOVNA. Jako mi je drago što ste došli! Samo sam se plašila da vi, slučajni goste, neočekivano ne odete na neko drugo mesto.

PISAC. Rekao bih, da nikog ne poznajem...

NIKOLADZE. Čestitam. Evo bombona. Sitnica.

ANTONINA PAVLOVNA. Hvala vam, draga prijateljice. Ali zašto trošite novac zbog mene!

PISAC *(Veri)*. Čini mi se da smo se nas dvoje negde sreli, dušo.

VERA. Sretali smo se na prijemu kod N. N., dragi Petre Nikolajeviču.

PISAC. Na prijemu kod N. N. ...A! Ovo ste dobro rekli. Vidim da ste podsmešljivica.

LJUBAV. Čime da vas ponudim?

PISAC. Čime da me ponudite... M-m-da. Šta vam je ovo: žito? A, biskvit. Liči. Mislio sam da pravite zadušnice.

LJUBAV. Ja nemam za kime da ih pravim, Petre Nikolajeviču.

PISAC. A! Nemate... Pa, ne znam, draga. Nešto vam je raspoloženje mnogo ljubičasto. Samo sveštenik nedostaje.

LJUBAV. I dobro, šta da vam ponudim? Ovo?

PISAC. Ne. Ja sam antidulcinista: protivnik slatkog. A imate li možda vina?

ANTONINA PAVLOVNA. Sada će doneti moet,[*] Petre Nikolajeviču. Ljubuška, treba zamoliti Rjovšina da otvori flašu.

PISAC. A odakle vam moet? *(Ljubavi.)* Bogatite se?

LJUBAV. Ako baš morate da znate, vinski trgovac platio je mužu u naturi za portret do pojasa.

PISAC. Divno je biti portretista. Bogatiš, rogatiš. Znate, na ruskom, „rogat" – znači „bogat", a ne nešto iz budoara. A imate li možda konjaka?

LJUBAV. Sada će vam doneti.

VAGABUNDOVA. Petre Nikolajeviču, oprostite udovi...
Ali najzad vas vidim na javi.
Strašno sam polaskana.
I u tome nisam sama.
Vaša dela vole svi.

PISAC. Zahvaljujem.

VAGABUNDOVA. Al' recite mi sada vi...
Jer mišljenje vaše zanimljivo je
svima nama.

PISAC. Mišljenje o čemu, gospođo?

VAGABUNODOVA. Šta, vi još niste saznali?
Vratio se onaj, kog nismo očekivali.

ANTONINA PAVLOVNA *(uzima Marfi iz ruku).* Evo izvolite.

PISAC. Da, obavešten sam o tome. *(Ljubavi.)* Šta je, dušo, klecaju vam kolena? Dajte da vidim... U mladosti sam bio zaljubljen u jednu gospođicu isključivo zbog njenih tetiva ispod kolena.

LJUBAV. Ja se ničega ne plašim, Petre Nikolajeviču.

PISAC. Kako ste hrabri. M-m-da. Taj ubica zaista zna šta je dobro.

NIKOLADZE. Šta je ovo? Ja ništa ne razumem... Kakav ubica? Šta je dobro? Šta se desilo?

PISAC. U vaše zdravlje, draga. A konjak vam baš i nije neki.

---

[*] Moet et Chardon – čuvena marka šampanjca. *(prim. prev.)*.

47

ELENORA ŠNAP *(obraća se starici Nikoladze)*. E, pošto vi ništa ne znate, ja ću vam ispričati.

VAGABUNDOVA. Ne, ne!

Red je na mene.

ELENORA ŠNAP. Nije, nego na mene. Nemojte da se uplićete.

LJUBAV. Mamice, molim te, počni.

ANTONINA PAVLOVNA. Dok vi niste došli, Petre Nikolajeviču, nameravala sam da prisutnima pročitam jednu malu stvar, ali sada se nekako ne usuđujem pred vama.

PISAC. Licemerje. Naprotiv, biće vam drago. Pretpostavljam da ste u mladosti, kao i sve lažljive žene, brbljali između poljubaca.

ANTONINA PAVLOVNA. To sam odavno zaboravila, Petre Nikolajeviču.

PISAC. Dobro, čitajte. Čujmo.

ANTONINA PAVLOVNA. Dakle, naziv je „Labud koji vaskrsava".

PISAC. Labud koji vaskrsava... Lazar koji umire... Druga i završna smrt... A, nije loše... '

ANTONINA PAVLOVNA. Ali, Petre Nikolajeviču, nije Lazar već labud.

PISAC. Izvinjavam se. To ja sam sa sobom. Iskrslo mi. Automatizam mašte.

TROŠČEJKIN *(pojavljuje se na vratima i odatle)*. Ljuba, dođi na trenutak.

LJUBAV. Dođi ovamo, Aljoša.

TROŠČEJKIN. Ljuba!

LJUBAV. Dođi ovamo. I gospodinu Kuprikovu biće takođe zanimljivo.

TROŠČEJKIN. Dobro!

Ulaze Kuprikov i reporter. Kuprikov je stereotipno-živopisni slikar u sakou sa širokim ramenima i vrlo tamnoj košulji na kojoj je vrlo svetla kravata. Reporter je mlad čovek s razdeljkom i naliv perom.

Ovo je Igor Olegovič Kuprikov. Upoznajte se. A ovo je gospodin iz novina „Sunce": došao je zbog intervjua.

KUPRIKOV *(Ljubavi)*. Počastvovan sam... Saopštio sam vašem suprugu sve što mi je poznato.

VAGABUNDOVA. Ah, zanimljivo je to!

Ispričajte, šta vam je poznato!

TETA ŽENJA. Evo sada... Pol! Zablistaj! Tako si lepo pričao. Pol! Ta hajde... Gospodine Kuprikov, Aljoša – evo i moj muž je ...

ČIKA POL. Dobro. To je bilo ovako. S leve strane, iza ćoška, dolazila je kočija „Hitne pomoći", a sa desne strane jurila je biciklistkinja – prilično debela dama, s crvenom beretkom, koliko sam uspeo da primetim.

PISAC. Stop. Oduzima vam se reč. Sledeći.

VERA. Dođi, čika Pol, idemo. Daće tebi Vera marmeladicu.

TETA ŽENJA. Ne razumem u čemu je stvar... Nešto s njim nije u redu.

KUPRIKOV *(Piscu)*. Dozvoljavate?

PISAC. Reč ima slikar Kuprikov.

LJUBAV *(Mužu)*. Ne shvatam zašto od svega ovoga pravimo nekakvu jezivu cirkusku predstavu. Zašto si doveo ovog reportera s beležnicom? Mama se upravo sprema da nam čita. Molim vas, nećemo više pričati o Barbašinu.

TROŠČEJKIN. Šta ja mogu... Ostavi me na miru. Ja polako umirem. *(Gostima.)* Koliko je sati? Da li neko ima sat?

Svi gledaju na sat.

PISAC. Tačno je pet. Slušamo vas, gospodine Kuprikov.

KUPRIKOV. Upravo sam izložio Alekseju Maksimoviću sledeću činjenicu. Ukratko ću je prepričati. Danas, dok sam u pola tri prolazio kroz gradsku baštu, konkretno kroz aleju, na kraju se nalazi urna, video sam Leonida Barbašina kako sedi na zelenoj klupi.

PISAC. Ma nemojte?

KUPRIKOV. Sedeo je nepomično i o nečemu razmišljao. Senke lišća ležale su u lepim mrljama oko njegovih žutih cipela.

PISAC. Dobro... bravo...

KUPRIKOV. On mene nije video, i ja sam ga neko vreme posmatrao iza debelog stabla na kojem je neko urezao – sada već potamnele, inicijale. Gledao je pravo u zemlju, pritisnut teškom mišlju. Zatim je promenio položaj i počeo da gleda u stranu, na suncem obasjani travnjak. Kroz dvadesetak minuta udaljio se. Na praznu klupu pao je prvi žuti list.

PISAC. Izveštaj je značajan i izvrsno izložen. Da li neko želi nešto da izjavi s tim u vezi?

KUPRIKOV. Po tome sam zaključio da se on sprema da počini zločin, i zato se ponovo, pred svedocima, obraćam vama, Ljubav Ivanovna, i tebi, dragi Aljoša, s usrdnom molbom da preduzmete mere maksimalne predostrožnosti.

TROŠČEJKIN. Da! Ali kakve, kakve?

PISAC. „Zadnjica – kao što bi rekao Šekspir – zadnjica se oštrim zvukom oglašava." *(Reporteru.)* A šta vi, golube moj, imate da kažete?

REPORTER. Hteo bih da postavim nekoliko pitanja madam Troščejkinoj. Mogu li?

LJUBAV. Bolje popijte šolju čaja. Ili čašicu konjaka.

REPORTER. Najlepše zahvaljujem. Želeo bih da vas pitam, onako u opštim crtama, šta ste osetili, kad ste saznali?

PISAC. Uzalud, dragi moj, uzalud. Ona vam apsolutno ništa neće reći. Ćuti i gori. Moram priznati da ja jezivo volim takve žene. A što se tiče ovog konjaka... jednom rečju, ne preporučam.

ANTONINA PAVLOVNA. Ako dozvoljavate, ja bih počela...

PISAC *(Reporteru)*. Uzgred, vaše novine opet objavljuju kojekakve izmišljotine o meni. Niti sam zamislio, niti bih mogao da zamislim nikakvu povest iz ciganskog života. Sramota.

ANTONINA PAVLOVNA. Petre Nikolajeviču, dozvoljavate?

PISAC. Molim vas. Pažnja, gospodo.

ANTONINA PAVLOVNA. „Prvi zraci sunca...“ Da, zaboravila sam da kažem, Petre, Nikolajeviču. To je iz ciklusa mojih „Ozarenih Jezera“. Možda ste čitali... „Prvi zraci sunca, poigravajući i gotovo zabavljajući se, probno su poput hromatske game protrčali po površini jezera, prešli na tipke šaša i zaustavili se usred tamnozelene oštrike. Na toj oštriki, savivši jedno krilo, a drugo...“

Ulaze Rjovšin i Mešajev: plav rumen čovek s buketom isto tako rumenih ruža.

RJOVŠIN. Evo, Ljubav Ivanovna, ovo je, čini se, poslednji. Umorio sam se... Dajte...

LJUBAV. Pst... Sedite, Osipe Mihejeviču, mama čita bajku.

MEŠAJEV. Možete li prekinuti čitanje, samo na sekund? Stvar je u tome, što donosim senzacionalnu vest.

NEKOLIKO GLASOVA. Šta se desilo? Govorite! Ovo je zanimljivo!

MEŠAJEV. Ljubav Ivanovna! Aleksej Maksimoviču! Sinoć. Iz zatvora. Vratio se. Barbašin!

Opšti smeh.

PISAC. I to je sve? Dragi moj, pa to već znaju i u porodilištima. M-m-da – obarbašili smo se...

MEŠAJEV. U tom, slučaju ograničiću se time što ću vam čestitati rođendan, poštovana Antonina Pavlovna. *(Vadi cedulju.)* „Želim vam da nas još dugo-dugo radujete vašim ženskim darom. Dani prolaze, ali knjige, knjige, Antonina Pavlovna, ostaju na policama, i veliko delo, kojem vi nesebično služite, uistinu je veliko i obimno – a svaki vaš redak odzvanja i odzvanja u našim umovima i srcima poput večitog refrena. Kako su lepe i sveže bile ruže!“ *(Pruža joj ruže.)*

Aplauz.

ANTONINA PAVLOVNA. Hvala vam na lepim rečima, mili Osipe Mihejeviču. Ali zašto ste sami, pa obećali ste dovesti vašeg seoskog brata?

MEŠAJEV. Mislio sam da je on već ovde, kod vas. Očigledno je zakasnio na voz i doputovaće večernjim. Šteta. Baš sam želeo da vas sve zabavim našom zapanjujućom sličnošću. Uostalom, čitajte, čitajte!

PISAC. Budite ljubazni. A vi, gospodo, smestite se udobno. Ovo će verovatno potrajati. Stisnite se, stistnite.

Svi se pomeraju malo u dubinu.

ANTONINA PAVLOVNA. „Na toj oštriki, savivši jedno krilo, a široko pruživši drugo, ležao je mrtav labud. Oči su mu bile poluotvorene, na dugim trepavicama još uvek su sijale suze. A za to vreme, istok se rasplamsavao, i akordi sunca sve jače se razlegali po širokom jezeru. Lišiće je, od svakog dodira dugih zraka, od svakog laganog daška...“

Ona čita s ozarenim licem, ali kao da se udaljila u svojoj fotelji, tako da se njen glas više ne čuje, mada se usne pomiču i ruka okreće stranice. Oko nje slušaoci, koji takođe gube svaku vezu sa proscenijem, sede u ukočenim, polusanjivim pozama: Rjovšin se ukočio sa bocom šampanjca između kolena. Pisac je prikrio oči rukom. Zapravo, trebalo bi da se spusti prozirna tkanina ili srednja zavesa na kojoj bi cela ta grupa bila nacrtana u istim tim pozama.

Troščejkin i Ljubav brzo izlaze napred na proscenij.

LJUBAV. Aljoša, ja ne mogu više...

TROŠČEJKIN. Ni ja ne mogu.

LJUBAV. Ovaj naš najstrašniji dan...

TROŠČEJKIN. Naš poslednji dan...

LJUBAV. ... pretvorio se u fantastičnu farsu. Od ovih obojenih utvara ne možemo očekivati ni spas ni saosećanje.

TROŠČEJKIN. Treba da bežimo...

LJUBAV. Da, da, da!

TROŠČEJKIN. ...da bežimo – a mi iz nekog razloga oklevamo pod palmama sanjive Vampuke.[*] Osećam da nailazi...

LJUBA. Opasnost? Ali kakva? O, kad bi ti mogao da shvatiš!

TROŠČEJKIN. Opasnost – isto toliko realna kao i naše ruke, ramena, obrazi. Ljuba, mi smo potpuno sami.

LJUBAV. Da, sami. Ali to su dve samoće, i obe su potpuno okrugle. Shvati me!

TROŠČEJKIN. Sami smo na ovoj uskoj osvetljenoj sceni. Iza nas – pozorišna starudija celog našeg života, ukočene maske drugorazredne komedije, a ispred nas – mračna provalija i oči, oči, oči koje nas gledaju i čekaju našu propast.

LJUBAV. Odgovori mi brzo: da li znaš da sam ti neverna?

TROŠČEJKIN. Znam. Ali me nikada nećeš napustiti.

LJUBAV. Ah, tako mi je žao ponekad. To nije oduvek bilo tako.

TROŠČEJKIN. Drži se, Ljuba!

LJUBAV. Naš mali sin je razbio danas loptom ogledalo. Ti me drži, Aljoša. Ne puštaj me.

TROŠČEJKIN. Loše vidim... Opet sve počinje da se muti. Prestajem te osećati. Ponovo se stapaš sa životom. Mi opet tonemo, Ljuba, ovo je kraj!

LJUBAV. Onjegine, ja sam tada bila mlađa, bolja... Da, i ja sam oslabila. Ne sećam se... Ali bilo je lepo na toj trenutnoj visini.

TROŠČEJKIN. Besmislice. Izmišljotine. Ako mi danas ne nabave novac, ja neću preživeti noć.

LJUBAV. Gledaj, baš je čudno: Marfa nam se prikrada kroz vrata. Pogledaj, kako je strašan izraz njenog lica. Pogledaj samo! Ona se primiče s nekom strašnom vešću. Jedva uspeva da se pokreće...

---

[*] Parodija na operu „Vampuka, afrička nevesta" V. Erenberga iz 1909. godine. Izraz se upotrebljava za izveštačeno i šablonsko u pozorištu.

TROŠČEJKIN *(Marfi)*. Je li on? Govorite već jednom: je li *on* došao?

LJUBAV *(plješće i smeje se)*. Ona klima glavom! Aljoša, ona klima glavom!

Ulazi Šel: poguren, s tamnim naočarima.

ŠEL. Izvinite... Ja se zovem Ivan Ivanovič Šel. Vaša maloumna služavka nije htela da me pusti. Vi mene ne znate, ali možda znate, da ja držim trgovinu oružjem preko puta sabora.

TROŠČEJIN. Slušam vas.

ŠEL. Smatrao sam da mi je dužnost da vas posetim. Moram da vam saopštim jedno upozorenje.

TROŠČEJKIN. Priđite bliže, priđite. Hop-hop-hop.

ŠEL. Ali vi niste sami... Ovaj skup...

TROŠČEJKIN. Ne obraćajte pažnju... To je samo onako, iluzija, statisti, ništa. Na kraju krajeva, to sam ja sam naslikao. Ružna slika, ali bezopasna.

ŠEL. Nemojte me vući za nos. Eno onom gospodinu prodao sam prošle godine lovačku pušku.

LJUBAV. To vam se samo čini. Verujte nam! Mi bolje znamo. Moj muž naslikao je to u vrlo prirodnim bojama. Sami smo. Možete slobodno da govorite.

ŠEL. Ako je tako, dozvolite mi da vam saopštim... Čim sam saznao *ko* se vratio, u panici sam se setio da je jedan čovek danas u podne kupio kod mene pištolj tipa „brauning".

Srednja zavesa se diže, glas čitateljice glasno završava: „... i tada je labud vaskrsao". Rjovšin otvara šampanjac. Međutim, veseli žamor odmah prestaje.

TROŠČEJKIN. Barbašin ga je kupio?

ŠEL. Ne, kupac je bio gospodin Aršinski. Ali vidim da shvatate kome je namenjen pištolj.

Zavesa

TREĆI ČIN

Ponovo atelje. Lopte su doslikane. Ljubav je sama. Gleda kroz prozor, zatim polako povlači zavesu. Na stolu kutija cigareta koju je jutros zaboravio Rjovšin. Pali cigaretu. Seda. Miš (iluzija miša), koristeći tišinu, izlazi iz pukotine, i Ljubav ga posmatra s osmehom: oprezno menja položaj tela naginjući se napred, ali miš pobegne. S leve strane ulazi Marfa.

LJUBAV. Opet se pojavio mišić.

MARFA. A u kuhinji bubašvabe. Sve odjednom.

LJUBAV. Šta vam je?

MARFA. Ta šta sa mnom može da bude... Ako vam danas više ništa ne treba, Ljubav Invanovna, ja bih pošla.

LJUBAV. A kuda to nameravate?

MARFA. Prespavaću kod brata, a sutra biste mogli i sasvim da me otpustite. Strah me je da ostanem kod vas. Ja sam slaba starica, a kod vas u kući je opasno.

LJUBAV. Bome ste ovo odigrali nedovoljno sočno. Pokazaću vam ja kako treba. „Izvin'te me, molim vas... Starica sam, slaba, oronula... Stra' me... Loši ljudi ovde 'odaju...“ Eto tako. To je, uostalom, vrlo uobičajena uloga... Što se mene tiče, možete da se čistite na sve četiri strane.

MARFA. I počistiću se, Ljubav Ivanovna, i počistiću se. Neću da živim s ludacima.

LJUBAV. A ne čini li vam se da je to velika svinjarija? Mogli biste bar ovu noć da ostanete.

MARFA. Svinjarija? Nagledala sam se ja dosta svinjarija. Ovde kavaljer, onde kavaljer...

LJUBAV. Ma, ne tako, ne tako! Više usplahirenosti i negodovanja. Nešto sa „grešnicom".

MARFA. Ja se vas plašim, Ljubav Ivanovna. Trebalo bi da pozovete doktora.

LJUBAV. Dotura, dotura, a ne „doktora". Ne, definitivno sam nezadovoljna vama. Htela sam da vam dam rekomandaciju: pogodna za ulogu čangrizave služavke, a sada vidim da to ne mogu učiniti.

MARFA. I ne treba mi vaša rukomundacija.

LJUBAV. E, ovo je već bolje... A sad je dosta. Zbogom.

MARFA. Ubice bazaju. Noćca zloslutna.

LJUBAV. Zbogom!

MARFA. Idem, idem. A sutra ćete mi platiti za poslednja dva meseca.

(Odlazi.)

LJUBAV. Onjegine, ja sam tada bila mlađa, bolja ... Kakva gnusna starica! Da li ste videli išta slično! Ah, kakva...

S desne strane ulazi Troščejkin.

TROŠČEJKIN. Ljuba, ovo je kraj! Upravo je zvao Baumgarten: nema novaca.

LJUBAV. Ja te molim... Nemoj da se nerviraš sve vreme tako. Ta napetost je nepodnošljiva.

TROŠČEJKIN. Obećava za nedelju dana. Baš će mi trebati! Za šta? Da delim napojnice na onom svetu?

LJUBAV. Molim te, Aljoša... Glava mi puca.

TROŠČEJKIN. Da, ali šta da radimo? Šta da radimo?

LJUBAV. Sada je pola devet. Za jedan sat vremena ići ćemo na spavanje. I to je sve. Tako sam umorna od današnje gužve, prosto mi zubi cvokoću.

TROŠČEJKIN. E, to neće ići. Ja očekujem još jednu posetu danas... Zar ti zaista misliš da ću ja to tek tako ostaviti? Dok ne budem siguran, da niko neće provaliti kod nas noću, ne idem u krevet – šipak.

LJUBAV. A ja idem. I spavaću. Baš hoću.

TROŠČEJKIN. Ja tek sada osećam koliko smo siroma-
šni, bespomoćni. Život je nekako tekao, i siromaštvo
se nije primećivalo. Čuj, Ljuba. Pošto već stvari ova-
ko stoje, jedini je izlaz da prihvatimo Rjovšinov
predlog.
LJUBAV. Kakav Rjovšinov predlog?
TROŠČEJKIN. U stvari, moj predlog. Naime, on mi da-
je novac za put, i sve to, a ti ćeš privremeno da bu-
deš kod njegove sestre u selu.
LJUBAV. Divan plan.
TROŠČEJKIN. Naravno da je divan. Ja ne vidim drugo
rešenje ovog problema. Već sutra krećemo, ukoliko
preživimo noć.
LJUBAV. Aljoša, pogledaj me u oči.
TROŠČEJKIN. Pusti to. Ja smatram da je to potrebno
uraditi, bar na dve nedelje. Odmorićemo se, oporavi-
ćemo se.
LJUBAV. E pa onda, dozvoli da ti nešto kažem. Ja ne
samo da nikada neću otići Rjovšinovoj sestri, nego
se uopšte neću pomerati odavde.
TROŠČEJKIN. Ljuba, Ljuba, Ljuba. Ne izvodi me iz
takta. Nervi me danas slabo slušaju. Ti, očigledno,
želiš da pogineš... Bože moj, već je mrkli mrak. Po-
gledaj, nikad nisam primećivao da ispred naše kuće
nema nijednog fenjera. Vidi, gde je sledeći! Kad bi
bar mesec uskoro izašao.
LJUBAV. Imam radosnu vest: Marfa je dala otkaz. I već
je otišla.
TROŠČEJKIN. Lepo, lepo. Pacovi napuštaju brod. Iz-
vrsno... Ja te *na kolenima* molim, Ljuba: otputujmo
sutra. Pa ovo je zabitni pakao. Pa sama sudbina ise-
ljava nas odavde. Dobro, recimo čak i da bude s na-
ma detektiv, ne možemo ga slati u prodavnicu. Zna-
či, treba sutra ponovo tražiti poslugu, raditi na tome,
moliti tvoju sestru-glupaču... To su obaveze koje ja
nisam u stanju da podnesem u sadašnjoj situaciji.
Hajde, Ljubuška, hajde, mala moja, pa šta te košta.

Jer, u protivnom, Rjovšin mi neće dati, a to je pitanje života, a ne pitanje malograđanskih obzira.

LJUBAV. Reci mi, da li si se ikada zamislio nad pitanjem zašto te ne vole?

TROŠČEJKIN. Ko me ne voli?

LJUBAV. Ta niko te ne voli: niko živ neće ti pozajmiti ni kopejku. A mnogi te se prosto gnušaju.

TROŠČEJKIN. Kakve su to gluposti. Naprotiv, sama si videla, kako su danas svi zalazili, interesovali se, savetovali...

LJUBAV. Ne znam... Posmatrala sam tvoje lice, dok je mama čitala svoju stvarčicu, i činilo mi se da razumem o čemu misliš i kako se osećaš usamljen. Učinilo mi se, da smo se čak pogledali onako kao što smo to nekad radili, veoma davno. A sada bih rekla da sam pogrešila, da ti nisi osećao ništa, nego si samo vrteo u glavi da li će ti Baumgarten dati te jadne novce za bekstvo.

TROŠČEJKIN. Zašto me mučiš, Ljuba.

LJUBAV. Ja ne želim da te mučim. Želim da bar jednom razgovaram s tobom ozbiljno.

TROŠČEJKIN. Hvala Bogu, jer inače se ponašaš poput deteta, kad je u pitanju opasnost.

LJUBAV. Ne, ja ne nameravam da govorim o *toj* opasnosti, nego uopšte o našem zajedničkom životu.

TROŠČEJKIN. A-ne, oslobodi me toga. Sada mi nije do ženskih razgovora, znam ja takve razgovore u kojima se zbrajaju uvrede i izvode idiotski zaključci. Trenutno me više interesuje zašto ne dolazi taj prokleti detektiv. Ah, Ljuba, ta shvataš li ti da se mi nalazimo u smrtnoj, smrtnoj...

LJUBAV. Prestani da histerišeš! Sramota me zbog tebe. Uvek sam znala da si kukavica. Nikada neću zaboraviti kako si se počeo zaklanjati ovim tepihom kad je on pucao.

TROŠČEJKIN. Na tom tepihu bila je moja krv, Ljuba. To zaboravljaš: ja sam pao, bio sam teško ranjen...

Da, *krv!* Seti se, seti, posle toga dali smo ga na čišćenje.

LJUBAV. Uvek si bio kukavica. Kad je moje dete umrlo, ti si se plašio njegove male senke i pred spavanje si uzimao Baldrijanove kapljice. Kad te je svojevremeno gradski požarni komandant prostački išikanirao zbog portreta, greške na uniformi, oćutao si i ispravio grešku. Dok smo jednom išli Zavodskom ulicom, i kad su nas dva huligana pratila, smejući se i zbijajući šale na moj račun, ti si se pretvarao da ništa ne čuješ, a bio si bled kao krpa.

TROŠČEJKIN. Nastavi, naravno. Postaje mi zanimljivo! Bože moj, kako si gruba! Kako si gruba!

LJUBAV. Takvih situacija bilo je milion; ipak je tvoj najelegantniji postupak tog tipa bio kad si se okoristio bespomoćnošću neprijatelja da bi ga udario po obrazu. Uostalom, mislim da čak nisi ni pogodio, nego si opalio po ruci jadnog Mišu.

TROŠČEJKIN. Odlično sam pogodio – možeš biti potpuno mirna u tom pogledu. I te kako sam pogodio! Ali nastavi, molim te. Strašno sam radoznao da vidim dokle možeš da ideš. I to *danas...* kad je taj strašni dogđaj okrenuo sve naopačke... Zla, neprijatna ženturačo.

LJUBAV. Zahvaljujem Bogu što se desio taj događaj. On nas je temeljno protresao i osvetio mnoge stvari. Ti si bezosećajan, hladan, sitničav, moralno vulgaran, ti si egoista kakvog svet još nije video. Ali i ja sam dobra na svoj način. Samo ne zbog toga što sam „prodavačica kostiju“, kako ste se izvolili izraziti.

Ako sam ja gruba i surova, to je zato što si me ti napravio takvom. Ah, Aljoša, da nisi tako dupke ispunjen sobom, da više ništa ne može da stane u tebe, ti bi, verovatno, video, u šta sam se ja pretvorila tokom ovih poslednjih godina, i u kakvom sam stanju sada.

TROŠČEJKIN. Ljuba, ja se savladavam, savladaj se i ti. Ja shvatam da te ova užasna noć izbacuje iz koloseka i tera da govoriš užasne stvari. Ali počni da se kontrolišeš.

LJUBAV. Ne vredi – sve se raspalo.

TROŠČEJKIN. Ništa se nije raspalo. Šta to izmišljaš? Ljuba, priberi se! Ako se mi ponekad... deremo jedno na drugo, to još ne znači da smo nesrećni. A sada smo nas dvoje poput dve uhvaćene životinje koje se ujedaju samo zato što se plaše i što im je tesno.

LJUBAV. Ne, nije istina. Nije istina. I nije stvar u našim svađama. Čak više od toga: nije stvar u tebi. Ja potpuno dopuštam mogućnost da si ti bio srećan sa mnom zato što će takav egoista poput tebe, i u najvećoj, nesreći pronaći poslednji verni oslonac u samom sebi. Ja odlično znam, da se meni nešto desilo, ti bi se, naravno, veoma rastužio, ali bi, ujedno, brzo promešao svoja osećanja, da utvrdiš nema li tu neki adut, neka korist – o, sasvim mala! – iz moje propasti. I našao bi, našao bi! Makar to, da je život postao tačno upola jeftiniji. Da, da, ja znam da bi to bilo potpuno podsvesno, i ne tako grubo, već jednostavno mala misaona subvencija u kritičnom trenutku... Ovo je strašno reći, ali, kad je dečak umro, ubeđena sam, da si ti pomislio, kako je to jedna briga manje. Nigde nema takvih gramzljivica kao među nepraktičnim ljudima. Ali, naravno, dopuštam mogućnost da me ti voliš na svoj način.

TROŠČEJKIN. Verovatno je sve ovo san: ova soba, ova luda noć, ova furija. U protivnom nisam u stanju da shvatim.

LJUBAV. A tvoja umetnost! Tvoja umetnost... U početku sam zaista mislila da si ti divan, sjajan, dragocen talenat, ali sada znam koliko vrediš.

TROŠČEJKIN. Šta je ovo? Ovako nešto još nisam čuo.

LJUBAV. E, sad ćeš čuti. Ti si ništa, ti si zvrk, ti si prazan, ovlaš pozlaćen orah, ti si beskoristan čovek i nikada ništa nećeš stvoriti, i uvek ćeš ostati ono što jesi, provincijski portretista koji mašta o nekoj azurnoj pećini.

TROŠČEJKIN. Ljuba! Ljuba! Zar je ovo... Zar misliš da je ovo loše? Pogledaj. Ovo je loše?

LJUBAV. Ne sudim ja tako, već svi ljudi sude tako o tebi. I oni su u pravu, zato što slike treba praviti za ljude, a ne radi zadovoljavanja nekog čudovišta koje sedi u tebi i sisa.

TROŠČEJKIN. Nemoguće je da govoriš ozbiljno, Ljuba. Naprotiv; naravno da treba slikati za moje čudovište, za moju pantljičaru, samo za nju.

LJUBAV. Samo, molim te, nemoj da umuješ. Umorna sam i sama ne znam šta pričam, a ti se hvataš za reči.

TROŠČEJKIN. Tvoja kritika moje umetnosti, to jest, mog najvažnijeg i najneprikosnovenijeg dela, tako je glupa i nepravedna, da sve tvoje ostale optužbe gube smisao. Moj život, moj karakter, možeš ružiti koliko hoćeš, unapred sve prihvatam, ali *ovo* se nalazi van tvoje kompetencije. Zato, bolje prekini.

LJUBAV. Da, nema svrhe s tobom razgovarati.

TROŠČEJKIN. Zaista, nema. Uostalom, sad mi i nije do toga. Ova noć brine me daleko više nego ceo naš dosadašnji život. Ako si umorna i ne znaš šta pričaš, onda ćuti, i nemoj... Ljuba, Ljuba, ne muči me više nego što se sam mučim.

LJUBAV. A zašto se ti mučiš? Kako te nije stid. Čak i ako zamislimo ono što je malo verovatno – da Leonid Barbašin sada provali kroz vrata, ili uđe kroz prozor, ili poput senke izađe iza onog paravana – čak i kad bi se to dogodilo, veruj mi da imam vrlo jednostavan način da to momentalno preokrenem u drugom pravcu.

TROŠČEJKIN. Stvarno?

LJUBAV. O, da!

TROŠČEJKIN. A to je?

LJUBAV. Hoćeš da znaš?

TROŠČEJKIN. Reci, reci.

LJUBAV. Evo šta ću da uradim: viknuću mu da ga volim, da je sve ovo bila greška, da sam spremna da bežim sa njim na kraj sveta...

TROŠČEJKIN. Da... to je malo, onako... melodrama? Ne znam... A šta ako on ne poveruje, ako shvati da je to lukavština? Ne, Ljuba, to nekako ne ide. Zvuči kao da je logično, ali... Ne, on bi se uvredio i odmah nas poubijao.

LJUBAV. To je sve, što ti možeš da kažeš o tome?

TROŠČEJKIN. Ne, ne, to je sve pogrešno. Ne, Ljuba – nekako je neumetnički, banalno... Ne znam. Ne čini li ti se da tamo, preko puta neko stoji? Tamo, dalje. Ili je to samo senka od lišća pod fenjerom?

LJUBAV. To je sve, Aljoša?

TROŠČEJKIN. Da, to je samo senka.

LJUBAV. Ti si zaista kao dete iz „Šumskog cara"*. I što je najvažnije – sve je to već jednom bilo, sve je bilo isto tako, ti si rekao „senka", ja sam rekla „dete", i u tom trenutku ušla je mama.

ANTONINA PAVLOVNA. Došla sam da vam kažem laku noć. Danas želim ranije da legnem.

LJUBAV. Da, i ja sam umorna.

ANTONINA PAVLOVNA. Kakva noć... Kako vetar zavija...

TROŠČEJKIN. E, ovo je, u najmanju ruku, čudno: napolju se, tako reći, nijedan list ne miče.

ANTONINA PAVLOVNA. Znači, to je kod mene u ušima.

TROŠČEJKIN. Ili je možda posredi šapat muze.

LJUBAV. Aljoša, obuzdaj se.

TROŠČEJKIN. Kako je to lepo i prijatno, zar ne, Antonina Pavlovna? Gradom – možda na dva koraka od nas – slobodno šeće nitkov koji se zakleo da će ubiti vašu kćí, a kod nas ugodna porodična atmosfera, kod nas labudovi prave batmane, kod nas kucka pisaća mašina...

LJUBAV. Aljoša, smesta prekini!

ANTONINA PAVLOVNA. Mili Aljoša, ti ne možeš da me uvrediš, a što se tiče opasnosti – sve je u božjim rukama.

---

* Geteova balada.

TROŠČEJKIN. Ne uzdam se ja naročito u te ruke.

ANTONINA PAVLOVNA. Upravo zbog toga si ti, dragi moj, tako jadan i zao.

LJUBAV. Gospodo, prekinite svađu.

TROŠČEJKIN. Šta ćete, Antonina Pavlovna, nije svakom data budistička mudrost.

Zvono.

A, najzad. To je moj detektiv. Čuj, Ljuba, znam da je to glupo, ali plašim se da otvorim.

LJUBAV. Dobro, ja ću otvoriti.

TROŠČEJKIN. Ne, ne, sačekaj, kako to da izvedemo...

ANTONINA PAVLOVNA. A zar Marfa već spava?

LJUBAV. Marfa je otišla. Aljoša, pusti mi ruku.

ANTONINA PAVLOVNA. Ja ću otvoriti. Ostanite ovde. Mene ne može uplašiti nikakav Barbašin.

TROŠČEJKIN. Prvo pitajte kroz vrata.

LJUBAV. Idem i ja s tobom, mamice.

Opet zvono. Antonina Pavlovna odlazi na desnu stranu.

TROŠČEJKIN. Čudno. Zašto li zvoni tako odlučno? Kako je to neprijatno... Ne, Ljuba, svejedno te neću pustiti.

LJUBAV. Pustićeš me.

TROŠČEJKIN. Prekini. Ne otimaj se. Ništa ne čujem.

LJUBAV. To me boli.

TROŠČEJKIN. Prekini da se uvrćeš. Daj da čujem. Šta je to? Čuješ?

LJUBAV. Kakva si ti ništarija, Aljoša!

TROČEJKIN. Ljuba, bolje da odemo! *(Vuče je na levu stranu.)*

LJUBAV. Kakva kukavica...

TROŠČEJKIN. Uspećemo na pomoćni izlaz... Ne otimaj se! Stani!

Ona se istrgne. Istovremeno, sa desne strane ulazi Antonina Pavlovna.

ANTONINA PAVLOVNA. Znaš, Ljubuška, pod u predsoblju još uvek škripi pod nogama.

TROŠČEJKIN. Ko je to bio?

ANTONINA PAVLOVNA. Tebe traži. Reče da si ga ti zvao iz detektivske agencije.

TROŠČEJKIN. A, tako sam i mislio. *(Odlazi.)*

ANTONINA PAVLOVNA. Neki čudan tip. Odmah je otišao u kupatilo.

LJUBAV. Nije trebalo da ga pustiš.

ANTONINA PAVLOVNA. Kako sam mogla da ga ne pustim, ako ga je Aljoša naručio? Moram ti reći, Ljuba, iskreno mi je žao tvog muža.

LJUBAV. Ah, mama, nemojmo se sve vreme vređati.

ANTONINA PAVLOVNA. Kako ti umorno izgledaš. Idi da spavaš, mila moja.

LJUBAV. Da, uskoro ću poći. Verovatno ćemo se ja i Aljoša još neko vreme svađati. Kakav je to način – zvati detektiva kući.

Troščejkin se vraća.

TROŠČEJKIN. Antonina Pavlovna, gde je on? Šta ste uradili s njim? Nigde ga nema.

ANTONINA PAVLOVNA. Pa rekla sam ti da je otišao da opere ruke.

TROŠČEJKIN. Niste mi ništa rekli. *(Odlazi.)*

ANTONINA PAVLOVNA. A ja, Ljubinjka, idem da legnem. Laku noć. Želim da ti se zahvalim, dušo...

LJUBAV. Za šta?

ANTONINA PAVLOVNA. Pa, za to kako smo proslavili moj rođendan. Mislim da je bilo vrlo uspešno, zar ne?

LJUBAV. Naravno da jeste.

ANTONINA PAVLOVNA. Bilo je puno sveta. Bilo je veselo. Čak ni ona Šnap nije bila loša.

LJUBAV. Pa, baš mi je drago što ti je bilo prijatno... Mamice!

ANTONINA PAVLOVNA. A?

LJUBAV. Mamice, imam užasnu pomisao. Da li si ti sigurna da je došao detektiv, a ne neko... drugi?

ANTONINA PAVLOVNA. Gluposti. Odmah mi je dao svoju fotografiju. Dala sam je, čini mi se, Aljoši. A, nisam, evo je.

LJUBAV. Kakve su to besmislice... Zašto on deli svoje portrete?

ANTONINA PAVLOVNA. Ne znam, verovatno je to kod njih uobičajeno.

LJUBAV. Zašto je u srednjovekovnoj odeći? Šta je ovo – kralj Lir? „Mojim obožavateljima uz pozdrav." Stvarno, kakva je to budalaština?

ANTONINA PAVLOVNA. Reče da je iz detektivske agencije, ništa drugo ne znam. Verovatno je to neki znak, lozinka... A da li si čula kako se naš pisac izrazio o mojoj bajci?

LJUBAV. Ne znam.

ANTONINA PAVLOVNA. Da je to nešto između pesme u prozi i proze u stihovima. Rekla bih da je to kompliment. Šta ti misliš?

LJUBAV. Razume se da je kompliment.

ANTONINA PAVLOVNA. A da li se tebi dopalo?

LJUBAV. Veoma.

ANTONINA PAVLOVNA. Samo neki delovi, ili sve?

LJUBAV. Sve, sve. Mamice, briznuću u plač. Idi spavaj, molim te.

ANTONINA PAVLOVNA. Hoćeš li moje kapljice?

LJUBAV. Neću ništa. Hoću da umrem.

ANTONINA PAVLOVNA. Znaš li na šta me podseća tvoje raspoloženje?

LJUBAV. Ah, pusti me, mamice...

ANTONINA PAVLOVNA. Ne, to je čudno... Kad si imala devetnaest godina i bila luda za Barbašinom, i kad si dolazila kući ni živa ni mrtva, a ja sam se plašila da ti bilo šta kažem.

LJUBAV. Onda se i sada plaši.

ANTONINA PAVLOVNA. Obećaj mi da nećeš učiniti ništa nepromišljeno, nerazumno. Obećaj mi, Ljubinjka!

LJUBAV. Šta se to tebe tiče? Ostavi me na miru.

ANTONINA PAVLOVNA. Ja ne strahujem od onoga od čega i Aljoša. Kod mene je sasvim drugi strah posredi.

LJUBAV. A ja ti kažem: pusti me na miru! Ti živiš u svom svetu, a ja u svom. Nećemo uspostavljati međuplanetarne odnose. Ionako ne bismo uspele.

ANTONINA PAVLOVNA. Meni je jako krivo što se ti tako povlačiš u sebe. Često mislim kako si nepravedna prema Aljoši. On je ipak dobar i obožava te.

LJUBAV. Šta je ovo: taktički menevar?

ANTONINA PAVLOVNA. Ne, jednostavno se prisećam nekih stvari. Tvog tadašnjeg ludila i onoga što ti je tata govorio.

LJUBAV. Laku noć.

ANTONINA PAVLOVNA. I evo, sve se to nekako ponavlja. Ali neka ti Bog pomogne da i ovaj put izađeš na kraj sa tim.

LJUBAV. Prestani, prestani, prestani... Sama me uvlačiš u neki mutan, lepljiv, trivijalan splet osećanja. Ne želim. Šta te se ja tičem? Aljoša me proganja sa svojim strahovima, a ti sa svojim. Ostavite me. Ne dirajte me. Šta se koga tiče to što su mene šest godina polako stiskali i istezali, dok se nisam pretvorila u nekakvu fatalnu provincijsku gazelu s lepim očima i ničim više? Ne želim. I najzad, kakvo ti imaš pravo da me ispituješ? Pa tebi je potpuno svejedno, jednostavno se uživiš i više se ne možeš zaustaviti...

ANTONINA PAVLOVNA. Samo još jedno pitanje i idem na spavanje: hoćeš li se videti sa njim?

LJUBAV. Da, poslaću mu po dadilji francusku cedulju, pobeći ću kod njega, ostaviću muža...

ANTONINA PAVLOVNA. Ljuba, ti... ti se šališ?

LJUBAV. Da. Skica trećeg čina.

ANTONINA PAVLOVNA. Daj Bože, da te je prestao voleti za ovo vreme, jer će, inače, nevolja biti napretek.

LJUBAV. Mama, prestani. Čuješ, *prestani!*

Troščejkin ulazi s desne strane i okreće se natrag prema vratima.

66

TROŠČEJKIN. Ovuda, izvolite...

ANTONINA PAVLOVNA *(Ljubavi)*. Laku noć. Neka ti je Bog u pomoći.

TROŠČEJKIN. Što ste stali tu u hodniku? To su samo stari časopisi, starudija – pustite to.

ANTONINA PAVLOVNA. Laku noć, Aljoša.

TROŠČEJKIN. Spavajte, spavajte. *(U vrata.)* Izvolite ovamo.

Antonina Pavlovna odlazi, ulazi Barbošin: sportsko karirano odelo, sa engleskim šalvarama, ali glava tragičnog glumca i dugačka sedo-riđa kosa. Kreće se polako i značajno. Svečano- -rasejan. Premoreni detektiv. Ulazeći duboko se klanja Ljubavi.

BARBOŠIN. Ne, ne, ne klanjam se vama, već svim že- nama, varanim, tlačenim, spaljivanim i prelepim pre- ljubnicama prošlog veka pod gustim, kao noć, velo- vima.

TROŠČEJKIN. Evo, ovo je moj atelje. Ovde se odigrao napad. Plašim se da će ga upravo ova soba privlačiti.

BARBAŠIN. Dete! O, dražesna malograđanska naivno- sti! Ne, mesto zločina privlačilo je prestupnike samo do onog trenutka, dok ta činjenica nije postala po- znata širokoj publici. Kad se divlja klisura pretvori u odmaralište, orlovi odlaze. *(Opet se duboko klanja Ljubavi.)* I još se klanjam ženama ćutljivim, zami- šljenim... klanjam se zagonetki žene.

LJUBAV. Aljoša, šta ovaj gospodin hoće od mene?

TROŠČEJKIN *(Tiho)*. Ne boj se, sve je u redu. To je najbolji agent kojeg je ovdašnja detektivska agencija mogla da nam pošalje.

BARBOŠIN. Upozoravam zaljubljene, da sam ja na- učen da čujem šapat bolje nego direktan govor. Ova cipela odavno me uznemiruje.

(Skida je.)

TROŠČEJKIN. Želeo bih još da pregledate prozor.

BARBOŠIN *(pregleda cipelu)*. Znao sam: štrči ekser. Da, vi ste me dobro okarakterisali vašoj supruzi. Po- slednja prolećna sezona bila mi je posebno uspešna.Treba mi čekić, ili nešto slično... Dobro, dajte to. Uzgred, imao sam jedan vrlo zanimljiv slučaj, baš u vašoj ulici. Ultradulter tipa B, serija broj 18. Na žalost, iz poznatih razloga profesionalne etike, ne mogu da vam kažem nikakva imena. Ali vi je verovatno poznajete. Tamara Georgijevna Grekova, dvadesettrogodišnja plavuša s dlakavim psetencetom.

TROŠČEJKIN. Prozor, molim vas...

BARBOŠIN. Oprostite što se zadovoljavam nejasnim aluzijama. Tajna ispovesti. Ali pređimo na posao. Šta vam se ne dopada na ovom odličnom prozoru?

TROŠČEJKIN. Pogledajte: baš do njega nalazi se oluk i po njemu čovek lako može da se uspentra.

BARBOŠIN. Kontraklijent može da slomi vrat.

TROŠČEJKIN. On je spretan kao majmun!

BARBOŠIN. U tom slučaju, mogu vam posavetovati jedan metod, koji se retko primenjuje, ali je uspešan. Bićete zadovoljni. Treba namontirati takozvanu falš--karnizu, to jest karnizu ili prozorsku dasku, koje propadaju na najmanji pritisak. Prodaje se sa trogodišnjom garancijom. Je li zaključak jasan?

TROŠČEJKIN. Da, ali kako to uraditi... Treba zvati majstore... Sada je kasno.

BARBOŠIN. To, u stvari, nije toliko važno: svejedno ću ja, kao što smo se dogovorili, do zore hodati pod vašim prozorima. Uzgred, vama će biti prilično zanimljivo da vidite, kako ja to radim. Poučno i zanimljivo. U dve reči: samo neotesanci hodaju poput klatna, a ja radim ovako. *(Šeta.)* Zamišljeno idem jednom stranom, zatim prelazim na drugu po obrnutoj dijagonali... Evo... I isto tako zamišljeno idem drugom stranom. U početku ispada latinično „N". Zatim prelazim po obrnutoj dijagonali unakrst... Ovako... Ponovo – prema polaznoj tački, i sve tako ponavljam. Sada vidite da se ja po oba trotoara krećem samo u jednom pravcu, čime se postiže neprimentost i prirodnost. To je metod doktora Rubinija. Postoje i drugi.

LJUBAV. Aljoša, oteraj ga natrag. Neprijatno mi je. Sada ću početi da vičem.

BARBOŠIN. Vi možete biti apsolutno mirni, madam. Možete bez brige leći u krevet, a u slučaju nesanice, možete me posmatrati kroz prozor. Noćas je mesečina i izgledaće efektno. Još jedna primedba: obično uzimam kaparu jer dešava se da klijent iz čista mira nestane... Ali, vi ste tako dobri, i noć je tako svetla, da mi je pomalo neugodno da potežem to pitanje.

TROŠČEJKIN. Hvala vam. Sve je to vrlo umirujuće.

BARBOŠIN. Šta još? Čujte, kakve su ovo slike? Jeste li sigurni da nisu to falsifikati?

TROŠČEJKIN. Ne, to je moje. Ja sam ih naslikao.

BARBOŠIN. Znači, ipak su falsifikati. Znate, trebali biste da se obratite ekspertu. A, recite mi, šta želite da preduzmem sutra?

TROŠČEJKIN. Ujutro, oko osam, popnite se do mene. Uzgred, evo vam ključ. Tada ćemo odlučiti šta dalje.

BARBOŠIN. Imam grandiozne planove. Znate li vi da ja umem da prisluškujem misli kontraklijenta? Da, ja ću sutra slediti njegove namere. Kako se on preziva? Mislim da ste mi rekli... Počinje sa „Š". Ne saćate se?

TROŠČEJKIN. Leonid Viktorovič Barbašin.

BARBOŠIN. Ne, ne nemojte da mešate – Barbošin Alfred Afanasjevič.

TROŠČEJKIN. Čovek od kojeg nam preti opasnost preziva se Barbošin.

BARBOŠIN. A ja vama kažem da se ja prezivam Barbošin. Alfred Barbošin. Uzgred, to je jedno od mojih mnogih pravih imena. Da-da... izvanredne planove! O, vi ćete videti! Život će biti divan. Život će biti slastan. Ptice će pevati u lepljivom lišću, slepi će čuti, progledaće gluvonemi. Mlade žene podizaće prema suncu svoju rumenu odojčad. Jučerašnji neprijatelji grliće jedni druge. I neprijatelje svojih neprijatelja. I neprijatelje svoje dece. I decu neprijatelja. Samo treba verovati... A sada mi odgovorite direktno i jednostavno: da li vi imate oružje?

TROŠČEJKIN. Nemam, na žalost! Nabavio bih ga, ali ne umem da rukujem. Čak se plašim da ga dodirnem. Shvatite: ja sam umetnik, ja ništa ne umem.

BARBOŠIN. Prepoznajem u vama svoju mladost. I ja sam bio takav – pesnik, student, sanjar... Pod kestenima Hajdelberga, voleo sam amazonku... Ali život me je naučio mnogim stvarima. Dobro. Nećemo buditi prošlost. *(Peva.)* „Hajde da počnemo...‟* Dakle, sada idem da šetam pod vašim prozorima, dok će nad vama bdeti Amor, Morfej i mali Brom. Recite, gospodine, da nemate možda cigaretu?

TROŠČEJKIN. Ja lično ne pušim, ali... negde sam video... Ljuba, Rjovšin je jutros ovde zaboravio kutiju. Gde je? Ah, evo je.

BARBOŠIN. To će ulepšati trenutke mog stražarenja. Samo me pustite na pomoćni izlaz, kroz dvorište. To je ispravnije.

TROŠČEJKIN. A, u tom slučaju, izvolite ovuda.

BARBOŠIN. *(duboko se klanja Ljubavi).* Klanjam se svima još neshvaćenim.

LJUBAV. Dobro, preneću.

BARBOŠIN. Zahvaljujem. *(Odlazi s Troščejkinom na levu stranu.)*

Ljubav je nekoliko sekundi sama. Troščejkin se žurno vraća.

TROŠČEJKIN. Šibice! Gde su šibice? Potrebne su mu šibice.

LJUBAV. Zaboga, skloni ga što pre! Gde je?

TROŠČEJKIN. Ostavio sam ga na pomoćnom stepeništu. Ispratiću ga i odmah se vraćam. Ne brini. Šibice!

LJUBAV. Ta, evo ih – pred tvojim nosom.

TROŠČEJKIN. Ljuba, ne znam kako ti, ali ja se osećam znatno bodrije nakon ovog razgovora. On, očigledno, odlično zna svoj posao i na neki način je strašno originalan i prijatan. Zar ne?

---

* Iz opere Čajkovskog „Jevgenije Onjegin‟: Onjeginove reči uoči dvoboja. *(Prim. prev.)*.

LJUBAV. Ja bih rekla da je on lud. Hajde, idi, idi...
TROŠČEJKIN. Odmah se vraćam. *(Otrči na levu stranu.)*

Jedno tri sekunde Ljubav je sama. Čuje se zvono. Ona se prvo ukoči, a zatim brzo odlazi na desnu stranu. Scena je prazna. Kroz otvorena vrata čuje se kako govori Mešajev Drugi, zatim on ulazi s korpom jabuka, u pratnji Ljubavi. Njegova spoljašnost sledi iz narednih replika.

MEŠAJEV DRUGI. Znači, sigurno, nisam pogrešio? Gospođa Opojašina stanuje ovde?
LJUBAV. Da, to je moja mati.
MAŠAJEV DRUGI. Aaaa, baš mi je drago.
LJUBAV. Možete ovde da ostavite...
MAŠAJEV DRUGI. Ta, nema potrebe, staviću na pod. Shvatate li u čemu je stvar: brat mi je zapovedio da dođem ovamo, čim stignem. Da li je on već tu? Nije valjda da sam ja prvi gost?
LJUBAV. Zapravo mi smo vas očekivali popodne na čaju. Ali nije važno. Sad ću da pogledam, mama verovatno još uvek ne spava.
MAŠAJEV DRUGI. Bože moj, znači, posredi je zbrka? Kakav slučaj! Izvinite...
Ja sam strašno zbunjen. Nemojte je buditi, molim vas. Evo, ja sam doneo jabuke, i prenesite joj, pored jabuka, moja izvinjenja. A ja ću da pođem...
LJUBAV. Ma, ne, šta vam je, sedite. Ona će se veoma obradovati, samo ako ne spava.

Ulazi Troščejkin i zastaje zapanjen.

Aljoša, ovo je brat Osipa Mihejeviča.
TROŠČEJKIN. Brat? A, da, naravno. Izvolite.
MEŠAJEV DRUGI. Tako mi je neprijatno... Ja nemam čast da lično poznajem gospođu Opojašinu. Ali pre nekoliko dana obavestio sam Osipa da dolazim poslovno ovamo, a on mi juče odgovara: pravo sa stanice dođi na rođendan, tamo ćemo da se sretnemo.
LJUBAV. Idem da joj kažem. *(Odlazi.)*
MAŠAJEV DRUGI. Pošto sam mu pisao da dolazim večernjim brzim, iz njegovog odgovora zaključio

sam naravno, da je prijem kod gospđe Opojašine upravo uveče. Ili sam ja pogrešno napisao vreme dolaska, ili je on pročitao nepažljivo – ovo drugo je verovatnije. Vrlo, vrlo nezgodno. A vi ste, dakle, sin.

TROŠČEJKIN. Zet.

MEŠAJEV DRUGI. Ah, suprug ove mile gospođe. Tako, znači. Vidim začuđeni ste mojom sličnošću s bratom.

TROŠČEJKIN. Ne, verujte, mene danas ništa ne može začuditi. Imam velikih neprijatnosti...

MEŠAJEV DRUGI. Da, svi se žale. Trebalo bi da živite na selu!

TROŠČEJKIN. Mada je sličnost, zaista, neobična.

MEŠAJEV DRUGI. Danas sam potpuno slučajno sreo jednog šaljivdžiju kojeg nisam video još od mladih dana: on je svojevremeno izjavio da mene i brata igra jedan te isti glumac, samo brata dobro, a mene loše.

TROŠČEJKIN. Vi kao da ste ćelaviji.

MEŠAJEV DRUGI. Avaj! Voštana kupola, što bi se reklo.

TROŠČEJKIN. Izvinite, što zevam. To je isključivo na nervnoj bazi.

MEŠAJEV DRUGI. Gradski život, tu se ništa ne može. Evo ja – stalno čučim u svojoj blagoslovenoj zabiti – pa... ima već desetak godina. Novine ne čitam, gajim debele kokoške, gomila dečice, voćke, žena mi je ovakva! Došao sam da kupim traktor. A vi, jeste li dobri s mojim bratom? Ili ste ga samo videli kod tašte?

TROŠČEJKIN. Da. Kod taš-o-oprostite... mo-molim vas...

MEŠAJEV DRUGI. Ta naravno. Uostalom... nas dvojica se baš i ne slažemo bogzna kako. Odavno ga nisam video, već nekoliko godina, i, pošteno govoreći rastanak nam ne pada preterano teško. Ali, pošto sam već odlučio da dođem – nezgodno je, znate – obavestio sam ga. Počinjem da mislim kako je on, jedno-

72

stavno, želeo da mi napravi svinjariju: na tome se završavaju njegovi pojmovi o stočarstvu.

TROŠČEJKIN. Da, to se dešava... Ja takođe slabo poznajem...

MEŠAJEV DRUGI. Koliko sam shvatio iz njegovog pisma, gospođa Opojašina je književnica? Ja, avaj, ne pratim naročito književnost!

TROŠČEJKIN. Pa, znate, to i nije neka književnost koja ostavlja tragove da bi se mogla pratiti. Oh-ha-a-a.

MEŠAJEV DRUGI. Ona, izgleda, i slika.

TROŠČEJKIN. Ne-ne. To je *moj* atelje.

MEŠAJEV DRUGI. A, znači, vi ste slikar! Zanimljivo. Ja sam se i sam u zimskoj dokolici pomalo bavio time. A, da, još sam se neko vreme zabavljao okultnim naukama. Dakle, ovo su vaše slike... Mogu li da bacim pogled. *(Stavlja cviker.)*

TROŠČEJKIN. Naravno, samo izvolite.

Pauza.

Ova nije završena.

MEŠAJEV DRUGI. Odlično! Originalan pristup.

TROŠČEJKIN. Izvinjavam se, moram da pogledam kroz prozor.

MEŠAJEV DRUGI *(stavlja cviker natrag u futrolu).* Nezgodno. Neprijatno. Vašu taštu probudiće zbog mene. A ona mene, na kraju krajeva, čak i ne zna. Provlačim se pod bratovom zastavom...

TROŠČEJKIN. Pogledajte kako je zabavno.

MEŠAJEV DRUGI. Ne razumem. Mesečina, ulica. Pre bih rekao da je tužno.

TROŠČEJKIN. Vidite li – šeta. Hop! Prešao je. Opet. Vrlo smirujući prizor.

MEŠAJEV DRUGI. Zakasneli bećar. Kažu da ovde mnogo piju.

Ulaze Antonina Pavlovna i Ljubav; ova druga s poslužavnikom.

ANTONINA PAVLOVNA. Gospode Bože, kako liči!

MEŠAJEV DRUGI. Čast mi je... Čestitam vam ... Evo, ovde, bio sam slobodan da donesem... Seoske...

ANTONINA PAVLOVNA. E, ovo će me zaista do kraja razmaziti. Sedite, molim vas. Ćerka mi je sve objasnila.

MEŠAJEV DRUGI. Meni je veoma neugodno. Vi ste, sigurno, spavali?

ANTONINA PAVLOVNA. O, ja sam noćobdija. I dakle, pričajte. Znači, vi stalno živite na selu?

TROŠČEJKIN. Ljuba, čini mi se da zvoni telefon?

LJUBAV. Izgleda. Pogledaću...

TROŠČEJKIN. Ne, ja ću. *(Odlazi.)*

MEŠAJEV DRUGI. Da, stalno. Uzgajam kokoške, pravim decu, ne čitam novine.

ANTONINA PAVLOVNA. Malo čaja? Ili želite da prezalogajite?

MEŠAJEV DRUGI. Da, zapravo...

ANTONINA PAVLOVNA. Ljuba, tamo je ostalo šunke. Ah, ti si već donela. Odlično. Izvolite. Vi ste Mihej Mihejevič, zar ne?

MAŠAJEV DRUGI. Mersi, mersi. Da, Mihej.

ANTONINA PAVLOVNA. Samo vi jedite. Bilo je i torte, ali je gosti pojedoše. A mi smo vas sve vreme čekali. Brat je mislio da ste zakasnili na voz. Ljuba, ovde ima premalo šećera. *(Mešajevu.)* Danas nam je, usled događaja, domaćinstvo malo poremećeno.

MEŠAJEV DRUGI. Događaja?

ANTONINA PAVLOVNA. Pa da: današnja senzacija. Svi smo tako uznemireni...

LJUBAV. Mamice, gospodina Mešajeva uopšte ne interesuje priča o našim problemima.

ANTONINA PAVLOVNA. A ja sam mislila da je on obavešten. U svakom slučaju, lepo je od vas što ste došli. U ovoj nervoznoj noći prija prisustvo smirenog čoveka.

MEŠAJEV DRUGI. Da... Ja sam se nekako odvikao od vaših gradskih briga.

ANTONINA PAVLOVNA. A gde ste vi odseli?

MEŠAJEV. Zasada nigde. Otići ću u hotel.

ANTONINA PAVLOVNA. Prespavajte kod nas. Imamo slobodnu sobu. Evo ova.

MEŠAJEV DRUGI. Ne znam, pravo da vam kažem... Bojim se da ne smetam.

Troščejkin se vraća.

TROŠČEJKIN. Rjovšin je zvao. On i Kuprikov zaseli su u kafani nedaleko odavde i pitaju da li je sve u redu. Izgleda da su se napili. Odgovorio sam im da mogu ići na spavanje, pošto nam ona lafčina maršira pred kućom. *(Mešajevu.)* Vidite li, došlo je dotle da smo morali unajmiti anđela-čuvara.

MEŠAJEV DRUGI. Tako, znači.

LJUBAV. Aljoša, nađi neku drugu temu...

TROŠČEJKIN. Zašto se ljutiš? Ja smatram da je vrlo lepo od njih što su se javili. Tvoja se sestrica nije potrudila da sazna jesmo li živi.

MEŠAJEV DRUGI. Plašim se da vi imate neke porodične neprijatnosti... Neko je bolestan... Zbog toga mi je još neugodinije.

TROŠČEJKIN. Ne, ne, samo vi ostanite. Naprotiv, baš je dobro to što se skuplja narod. Ionako nam nije do sna.

MEŠAJEV DRUGI. Tako, znači.

ANTONINA PAVLOVNA. Stvar je u tome što se... ne znam koliko je to opravdano, ali Aleksej Maksimovič se plaši napada. On ima neprijatelje... Ljubočka, pa moramo čoveku neke stvari da objasnimo... Jer vi svi skačate kao sumanuti... Ko zna šta sve čovek neće pomisliti.

MEŠAJEV DRUGI. Ne, ne brinite. Ja razumem. Ja sam to iz obzira. Evo, kažu, i u Francuskoj, u Parizu, isto tako boemština, tuče u restoranima i slične stvari...

Nečujno i neprimetno ušao je Barbošin. Svi se trgnu.

TROŠČEJKIN. Zašto nas tako plašite? Šta se deslio?

BARBOŠIN. Došao sam da predahnem.

ANTONINA PAVLOVNA *(Mešajevu).* Samo vi sedite. To je samo onako. Detektiv.

75

TROŠČEJKIN. Da li ste nešto primetili? Možda želite da razgovarate nasamo sa mnom?

BARBOŠIN. Ne, gospodine. Jednostavno sam poželeo malo svetla, topline... Jer nešto mi je postalo teško. Samotno, hvata me jeza. Živci popuštaju... Muči me uobrazilja, savest mi je nemirna, slike prošlosti...

LJUBAV. Aljoša, ili on, ili ja. Dajte mu šolju čaja, a ja idem da spavam.

BARBOŠIN *(Mešajevu)*. Gle! Ko je ovo? Kako ste vi ušli ovamo?

MEŠAJEV DRUGI. Ja? Pa... Jednostavno, na vrata.

BARBOŠIN *(Troščejkinu)*. Gospodine, ja na ovo gledam kao na ličnu uvredu. Ili ću ja da čuvam vas i kontrolišem posetioce, ili ću da odem, a vi ćete da primate goste... Ili je ovo, možda, konkurent?

TROŠČEJKIN. Smirite se. Čovek je upravo doputovao. On nije znao. Evo, uzmite jabuku, i idite, molim vas. Ne treba napuštati dužnost. Tako ste to dobro radili dosad!

BARBOŠIN. Meni je obećana šolja čaja. Ja sam umoran. Ja sam ozebao. Imam ekser u cipeli. *(Narativno.)* Ja sam se rodio u siromašnoj porodici, i prva moja svesna uspomena...

LJUBAV. Dobićete čaj, pod uslovom da ćutite, ćutite apsolutno!

BARBOŠIN. Ako zahtevate... Dobro, slažem se. Samo sam hteo da, u dve reči, ispričam svoj život. Kao ilustraciju. Može?

ANTONINA PAVLOVNA. Ljuba, kako možeš tako da prekidaš čoveka...

LJUBAV. Nikakve priče – ili ja odlazim.

BARBOŠIN. A mogu li da vam uručim telegram?

TROŠČEJKIN. Telegram? Odakle? Dajte brže.

BARBOŠIN. Upravo sam interceptirao njegovog donosioca, pred samim vašim ulazom. Bože moj, Bože moj, kuda li sam ga zaturio? A! Evo ga.

TROŠČEJKIN *(grabi i otvara)*. „U mislima sam sa vama, čestitam, grlim...“ Kakve besmislice. Nisu morali da se trude. *(Antonini Pavlovnoj.)* Ovo je za vas.

ANTONINA PAVLOVNA. Vidiš, Ljubočka, bila si u pravu. Miša se setio!

MEŠAJEV DRUGI. Postaje kasno! Vreme je za spavanje. Još jednom izvinite..

ANTONINA PAVLOVNA. Što ne prenoćite ovde...

TROŠČEJKIN. Jest'-jest'. Ovde ćete da legnete.

MEŠAJEV DRUGI. Ja, zapravo...

BARBOŠIN *(Mešajevu)*. Po nekim spoljnim simptomima, dostupnim samo iskusnom oku, mogu konstatovati da ste vi služili u mornarici, nemate decu, nedavno ste bili kod lekara i volite muziku.

MEŠAJEV DRUGI. Sve se to, apsolutno, ne poklapa sa stvarnošću.

BARBOŠIN. Osim toga, levak ste.

MEŠAJEV DRUGI. Nije tačno.

BARBOŠIN. E, to ćete reći istražnom sudiji. On će to brzo utvrditi!

LJUBAV *(Mešajevu)*. Nemojte pomisliti da je ovo lečilište za umobolne. Samo je danas bio takav dan, i sada je takva noć...

MEŠAJEV DRUGI. Ma nisam ja ništa...

ANTONINA PAVLOVNA *(Barbošinu.)* U vašoj profesiji ima mnogo privlačnog za beletristu. Veoma me interesuje kakav je vaš odnos prema detektivskom romanu kao takvom?

BARBOŠIN. Postoje pitanja na koja nisam dužan da odgovaram.

MEŠAJEV DRUGI *(Ljubavi.)* Znate, baš čudno: evo – pokušaj ovog gospodina, kao i jedan izvanredan susret, koji sam upravo imao, podsetili su me da sam se ja, svojevremeno, u nedostatku pametnijeg posla, bavio hiromantijom, onako, amaterski, ali ponekad vrlo uspešno.

LJUBAV. Gledate u dlan?...

TROŠČEJKIN. O, ako biste mogli da predvidite šta će biti sa nama! Evo mi ovde sedimo, šalimo se, gozba za vreme kuge, a ja imam osećaj da, u svakom trenutku, možemo odleteti u vazduh. *(Barbošinu.)* Za Boga miloga, završavajte već jednom taj vaš idiotski čaj.

BARBOŠIN. Nije on idiotski.

ANTONINA PAVLOVNA. Nedavno sam čitala knjigu jednog Indusa. Ona navodi zapanjujuće primere...

TROŠČEJKIN. Na žalost, ja nisam u stanju dugo da živim u atmosferi zapanjujućeg. Verovatno ću osedeti ove noći.

MEŠAJEV DRUGI. Tako, znači?

LJUBAV. Da li biste hteli da mi pogledate?

MEŠAJEV DRUGI. Naravno. Samo, odavno se nisam time bavio. A ruka vam je hladna.

TROŠČEJKIN. Predskažite joj put, molim vas.

MEŠAJEV DRUGI. Zanimljive linije. Linija života, na primer...
U stvari, trebalo je da vi odavno umrete. Koliko vam je godina? Dvadeset dve, dvadeset tri?

Barbošin počinje polako, i donekle nepoverljivo da posmatra svoj dlan.

LJUBAV. Dvadeset pet. Slučajno sam preživela.

MEŠAJEV DRUGI. Vaš razum sluša srce, ali srce vam je racionalno. Pa, šta još da vam kažem? Vi osećate prirodu, ali prema umetnosti ste prilično ravnodušni.

TROŠČEJKIN. Vešto!

MEŠAJEV DRUGI. Umrećete... Ne plašite se, da saznate kako ćete umreti?

LJUBAV. Ni najmanje. Recite.

MEŠAJEV DRUGI. Mada je tu prisutno određeno razdvajanje, koje me zbunjuje... Ne, ne bih mogao da dam tačan odgovor.

BARBOŠIN *(pruža dlan)*. Molim vas.

LJUBAV. Pa, niste baš mnogo rekli. Ja sam očekivala da ćete mi predskazati nešto neobično, uzbudljivo...

Na primer, da sada nastupa prokret u mom životu, da me čeka neverovatna, strašna, čarobna sreća...

TROŠČEJKIN. Tišina! Čini mi se da je neko zvonio... A?

BARBOŠIN *(gura ruku Mešajevu)*. Molim vas.

ANTONINA PAVLOVNA. Ne, učinilo ti se. Jadni Aljoša, jadni moj... Smiri se, mili moj.

MEŠAJEV DRUGI *(mahinalno uzima Barbošinov dlan)*. Vi previše zahtevate od mene, gospođo. Ruka je ponekad nedorečena. Ali, naravno, postoje brbljivi, otvoreni dlanovi. Pre, otprilike, deset godina, predskazao sam jednom čoveku svakojake katastrofe, a danas, evo baš malopre, dok sam izlazio iz voza, odjednom ga ugledah na peronu. Ispostavilo se da je nekoliko godina odležao u zatvoru zbog nekog romantičnog sukoba i sada zauvek odlazi u inostranstvo. Neki Barbašin Leonid Viktorovič. Bilo mi je neobično to što sam ga sreo, i odmah zatim isrpatio. *(Nagnut je nad Barbošinovom rukom; ovaj takođe sedi s pognutom glavom)*. Zamolio me da pozdravim zajedničke poznanike, ali vi ga, verovatno, ne poznajete...

Zavesa

1938.

NABOKOV – DRAMSKI PISAC

Kad se govori o Nabokovu kao dramskom piscu, obično se citira rečenica iz romana *Očajanje* (1934): „Najveća piščeva želja jeste da čitaoca pretvori u gledaoca." Tako se ukazuje, da dramska književnost, mada na neki način sporedna u njegovom opusu, nije u njemu ni slučajna, ni nevažna.

Nabokov koji je bio pesnik, pripovedač, romanopisac, esejista, filolog, kritičar, prevodilac, entomolog, memoarista, pisao je takođe i skečeve za kabare, filmske scenarije, libreto za balet, dramsku pantomimu (u koautorstvu), jednočinke u stihu, kao i veće drame. Dobar deo toga pada na ranu, berlinsku (1923–1926) fazu, kad se, u potrazi za sredstvima za život, prihvatao najrazličitijih poslova, između ostalog – i glumačkih. Mnoga ova dela nisu sačuvana. Ali sačuvana su – metafizičke jednočinke u stihu *Smrt* (1923), *Pol* (1923–1924), *Deda* (1923) i *Lutalice* (1923), kao i drame *Tragedija gospodina Morna* (u stihu, 1924) i *Čovek iz SSSR-a* (1925–1926, koja je imala i jedno izvođenje). Dve „glavne" (Iv. Tolstoj) drame nastaju u Parizu, posle poslednjeg – velikog – ruskog romana *Dar* i spadaju među poslednje radove koje je napisao na ruskom jeziku. To su *Događaj* i *Valcerov izum*, obe iz 1938; *Događaj* je, po opštem mišljenju, njegova najbolja drama, i, istovremeno, najuspešnija drama napisana u prvoj ruskoj emigraciji. Izvođena je s uspehom u Parizu i Pragu (1938), Varšavi, Beogradu i Njujorku (1941).

Događaj je reprezentativan za dramaturgiju Nabokova, ali isto tako reprezentativan je za njegovu književnost uopšte. Po prirodi stvari, tu su „očiglednije" postavljeni problemi, karakteristični za Nabokova. Za razliku od proze, o kojoj su mišljenja podeljena, u drami je veća, čak nesumnjiva (i pored sve nabokovske igre) vezanost za tradiciju. Rene Gera, istraživač ruske emigracije, koji je, među prvima (1984), pisao o „jednoj zaboravljenoj drami" nalazi u *Događaju* „naopako okrenut lik svemira do kojeg autora logično dovode njegova dovitljiva poigravanja s kosmosom". Ali temeljnost drame Gera vidi u pitanjima kojih se autor dotiče – o prirodi umetnosti (šta je umetnost?), ulozi i pozivu umetnika, mehanizmima umetničkog stvaralaštva, prirodi stvarnosti, i drugim.

Tačno je da (kao i druga Nabokovljeva dela) *Događaj* nije napisan za jednu priliku, inače teško da bismo mu se vraćali na stogodišnjicu autorovog rođenja (1899–1971). Tačno je i da je napisan dobro, nabokovski. Ali, ovom prilikom želeli bismo da se osvrnemo na nešto o čemu se ne govori često – kako su dobro izvedeni karakteri. Svako lice u *Događaju* jeste i književni lik. A glavna lica – slikar Troščejkin, njegova žena Ljubav, njen ljubavnik Rjovšin, njena majka Antonina Pavlovna, pa nadalje – u punoj meri predstavljeni su kao *karakteri*. Pritom, kao karakteri u izuzetnoj situaciji – u sučeljavanju s mogućim – a to je zaplet drame, *događaj,* za koji mi već znamo (pošto smo pročitali dramu), da će biti bez događaja, otkrivaju se i u drugačijem svetlu. Zbivanja oko nečega što je moguće, ali se neće dogoditi, predstavljaju središte drame. Karakteri, pak, u međusobnom odnosu slažu se (veoma uspelo) u situaciju. Reakcija na predstojeću, moguću situaciju takođe je u skladu s karakterima, to jest – *različita,* što, u skladu sa životnom logikom, dovodi do promene početne *situacije* (odnosa). A raspon promene (dok su u stvari, ništa ne događa, ali se to ne zna, već se *misli* da se događa) opet, je, u granicama mogućnosti različitih karaktera. Sama mogućnost (pretnja, Barbašinov dolazak), isto kao i njena stvarna suprotnost (Barbašinov odlazak u inostranstvo), ili bilo koja druga alternativa predstavljaju vrstu *životne* činjenice. Mogućnost (zaplet, nešto što se neće dogoditi) otvara nam uvid u život izvan situacije, to jest u nešto što zbog toga, nije manje život odnosno beskrajno problematizuje početnu poziciju, da bi je autor elegantno, tehnički vešto i „lako" uklonio (odnosno, rešio), uverivši nas da se ništa nije dogodilo.

Za autora koji se smatra „filmskim", čija se proza karakteriše kao „vizuelna" i teatralizovana, dobrodošlo je upoznavanje s ovom stranom stvaralaštva, u kojoj su te osobine najjače došle do izražaja. Međutim, u njegovoj najboljoj drami *Događaj,* takođe se, na njegov način, razmatraju njegove osnovne teme, zbog kojih u njemu danas vidimo jednog od najznačajnijih umetnika našeg veka.

Izdavačko preduzeće
RAD
Beograd, Dečanska 12

*

Glavni urednik
JOVICA AĆIN

*

Grafički urednik
MILAN MILETIĆ

*

Lektor
MILADIN ĆULAFIĆ

*

Korektor
NADA GAJIĆ

*

Nacrt za korice
JANKO KRAJŠEK

Realizacija
ALJOŠA LAZOVIĆ

*

Priprema teksta
Grafički studio RAD

*

Za izdavača
SIMON SIMONOVIĆ

*

Štampa
Elvod-print, Lazarevac